高等职业教育新形态系列教材

形体训练
Physical Training

主　编　李　娌
副主编　李东阳
参　编　朱　琨　刘　影
　　　　刘　沫　李　雪

北京理工大学出版社
BEIJING INSTITUTE OF TECHNOLOGY PRESS

内 容 提 要

本书根据空中乘务专业就业岗位群的实际需求,通过标准而优美的舞蹈形体基础动作的练习,结合古典舞、民族舞等舞蹈形式,培养和训练学生健美的体态及良好的仪态,对岗位实践具有一定的指导性意义。全书每章均能够突出课程思政元素与教学内容的融合,并设置了专题板块。本书主要内容包括形体概述、形体训练基础、把杆基本技能训练、古典舞素质训练、中国民族民间舞蹈组合、瑜伽训练、面试形体礼仪。

本书可作为高等院校空中乘务专业和其他相近专业的教材,也可作为现代服务业相关领域的形体训练教学参考用书,还可作为从事空中乘务、高速铁路客运服务人员岗前和在岗的培训教材。

版权专有　侵权必究

图书在版编目(CIP)数据

形体训练 / 李娌主编. -- 北京:北京理工大学出版社,2021.6(2024.2重印)
ISBN 978-7-5682-9911-4

Ⅰ.①形…　Ⅱ.①李…　Ⅲ.①形体－健身运动　Ⅳ.①G831.32

中国版本图书馆CIP数据核字(2021)第108341号

责任编辑：李　薇	**文案编辑**：李　薇
责任校对：周瑞红	**责任印制**：边心超

出版发行 / 北京理工大学出版社有限责任公司
社　　址 / 北京市丰台区四合庄路 6 号
邮　　编 / 100070
电　　话 / (010)68914026(教材售后服务热线)
　　　　　　(010)68944437(课件资源服务热线)
网　　址 / http://www.bitpress.com.cn
版 印 次 / 2024 年 2 月第 1 版第 3 次印刷
印　　刷 / 河北鑫彩博图印刷有限公司
开　　本 / 787 mm×1092 mm　1/16
印　　张 / 12.5
字　　数 / 204 千字
定　　价 / 39.00 元

图书出现印装质量问题,请拨打售后服务热线,负责调换

前言

党的二十大报告指出,要"办好人民满意的教育","育人的根本在于立德","推进教育数字化"。为了全面贯彻党的教育方针,推动我国高等教育的改革和发展,完善高等教育专业人才培养规格的课程体系,我们根据高素质技能型人才培养的特点及要求,编写了本书。

形体训练课程是高等院校空中乘务专业的核心课程。本课程不仅为专业必修课程,也可以列入大学生人文素质教育课程。其对提高当今大学生的自身修养和行为规范起着积极的作用。本书以大学生生理特点和形体美的要素为依据,参考了中外形体艺术教育的方法和内容,侧重知识和能力、兴趣和爱好、理论和实践三方面相结合,重新确立了新的形体训练教学内容体系。

本书在内容结构上讲究教材的科学性、延伸性、规范性与实用性;在形式上讲究图文并茂,每章中的"思政微课堂"板块设置突出了"育人"的核心思想。吉林省经济管理干部学院教师及学生亲自参与录制、拍摄、制作了本书的微课、视频等课程资源辅助教学。本书是一套集教学、实训、培训于一体的新形态一体化教材。大学生通过学习和掌握形体训练的基本理论知识与技能,可以塑造健美的形体,培养优雅的举止和良好的精神风貌。

本书共七章,具体编写分工如下:主编李娌,负责本书的审校和统稿工作;副主编李东阳,负责第一、第二、第三、第六章的编写;参编朱琨负责第四章的编写;参编刘影负责第七章的编写;参编刘沫负责第五章的编写。吕佳蔚负责本书微课制作及照片拍摄，孙国彧负责"思政微课堂"的编写。

本书编写过程中，得到了长春龙嘉国际机场客运服务部李雪的大力支持，且为本书提供了十分宝贵的意见和建议；南方航空公司杨莹为本书提供了案例信息，并在标准动作和资源示范方面给予了大力帮助和支持，在此一并表示感谢！

由于编写时间有限，本书引用和参阅的相关学者及专家的意见，未能一一说明，在此表示诚挚的谢意！

由于编者水平有限，书中难免存在不妥之处，敬请广大读者批评指正。

编　者

目 录 CONTENTS

第一章 形体概述 001

第一节 形体美的内涵·················003
一、形体美的定义·················003
二、塑造形体美的基本要求·········003
三、形体训练的社会功能···········004

第二节 女性形体结构·················006
一、女性的体型划分···············006
二、表现女子形体美的身体部位·····008
三、女性形体训练的意义···········009

第三节 形体训练的美育价值···········011
一、美育工作的重要性·············011
二、美育与形体艺术···············013
三、美育艺术的社会影响···········014

第二章 形体训练基础 017

第一节 手位和脚位的规范训练·········019
一、手位训练·····················019
二、脚位训练·····················021

第二节 躯干和腿部动作···············024
一、踢腿练习·····················024
二、躯干动作·····················025
三、走类动作·····················026
四、跑类动作·····················026

第三节 跳跃练习·····················028
一、跳跃动作·····················028
二、平衡动作·····················028

第三章
把杆基本技能训练
031

第一节　起踵练习和擦地……………………………033
　　一、起踵练习………………………………033
　　二、擦地……………………………………034
第二节　把杆下腰…………………………………036
　　一、蹲………………………………………036
　　二、下腰训练………………………………037
第三节　把杆踢腿…………………………………038
　　一、压腿……………………………………038
　　二、小踢腿…………………………………040

第四章
古典舞素质训练
043

第一节　礼乐文化概述……………………………045
　　一、"礼乐"思想……………………………045
　　二、中国古典舞蹈的礼法意识……………046
　　三、中国古典舞形态中的"礼乐"思想寻源…047
　　四、"礼乐"文化在古典舞中的体现
　　　　与积极作用……………………………048
第二节　中国古典舞的发展历程…………………049
　　一、中国古典舞的概念……………………049
　　二、中国古典舞的发展历程………………050
第三节　中国古典舞音乐的特点…………………052
　　一、音阶与旋律的特点……………………053
　　二、乐器的特点……………………………054
第四节　中国古典舞身韵的体现…………………062
　　一、中国古典舞表演中的画圆艺术………062
　　二、中国古典舞表演中的形神兼备………062
　　三、中国古典舞表演中的刚柔相济………063
　　四、身韵在中国古典舞表演中的重要性…064
第五节　中国古典舞身法术语及动作示范………065
　　一、中国古典舞身法与术语………………065
　　二、中国古典舞动作示范…………………076

 目 录

第五章
中国民族民间舞蹈组合
083

第一节　中国少数民族的概况及其舞蹈特点……… 085
　　一、傣族舞蹈……………………………… 085
　　二、藏族舞蹈……………………………… 087
　　三、东北秧歌……………………………… 089
　　四、蒙古族舞蹈…………………………… 092
第二节　傣族舞蹈组合……………………………… 094
　　一、基本动作……………………………… 094
　　二、动作组合……………………………… 095
第三节　藏族舞蹈组合……………………………… 101
　　一、基本动作……………………………… 101
　　二、动作组合……………………………… 101
第四节　东北秧歌舞蹈组合………………………… 107
　　一、基本动作……………………………… 107
　　二、动作组合……………………………… 109
第五节　蒙古族舞蹈组合…………………………… 112
　　一、基本动作……………………………… 112
　　二、动作组合……………………………… 113

第六章
瑜伽训练
121

第一节　瑜伽知识概述……………………………… 123
　　一、瑜伽的起源…………………………… 123
　　二、瑜伽的发展…………………………… 124
　　三、瑜伽的相关理论……………………… 125
第二节　瑜伽舞……………………………………… 126
　　一、瑜伽舞的由来………………………… 126
　　二、瑜伽舞动作分类……………………… 127
　　三、学习瑜伽舞的作用…………………… 127
　　四、瑜伽舞的优势………………………… 128
第三节　瑜伽常见体式……………………………… 129
　　一、瑜伽基本姿势………………………… 129
　　二、瑜伽的呼吸和调息…………………… 131
　　三、瑜伽的姿势…………………………… 131

3

四、练习瑜伽的准备工作……………………………………139

五、练习瑜伽的注意事项……………………………………141

第七章 面试形体礼仪 145

第一节 面试前准备………………………………………147

一、知己知彼,有的放矢……………………………………147

二、应聘资料的准备…………………………………………147

第二节 面试基本礼仪技巧………………………………154

一、面试形象基本要求………………………………………155

二、面试仪态礼仪……………………………………………161

三、面试着装礼仪……………………………………………171

四、面试交谈礼仪……………………………………………175

五、交谈礼仪…………………………………………………177

六、道别礼仪…………………………………………………179

第三节 空乘面试问答宝典………………………………185

参考文献……………………………………………………192

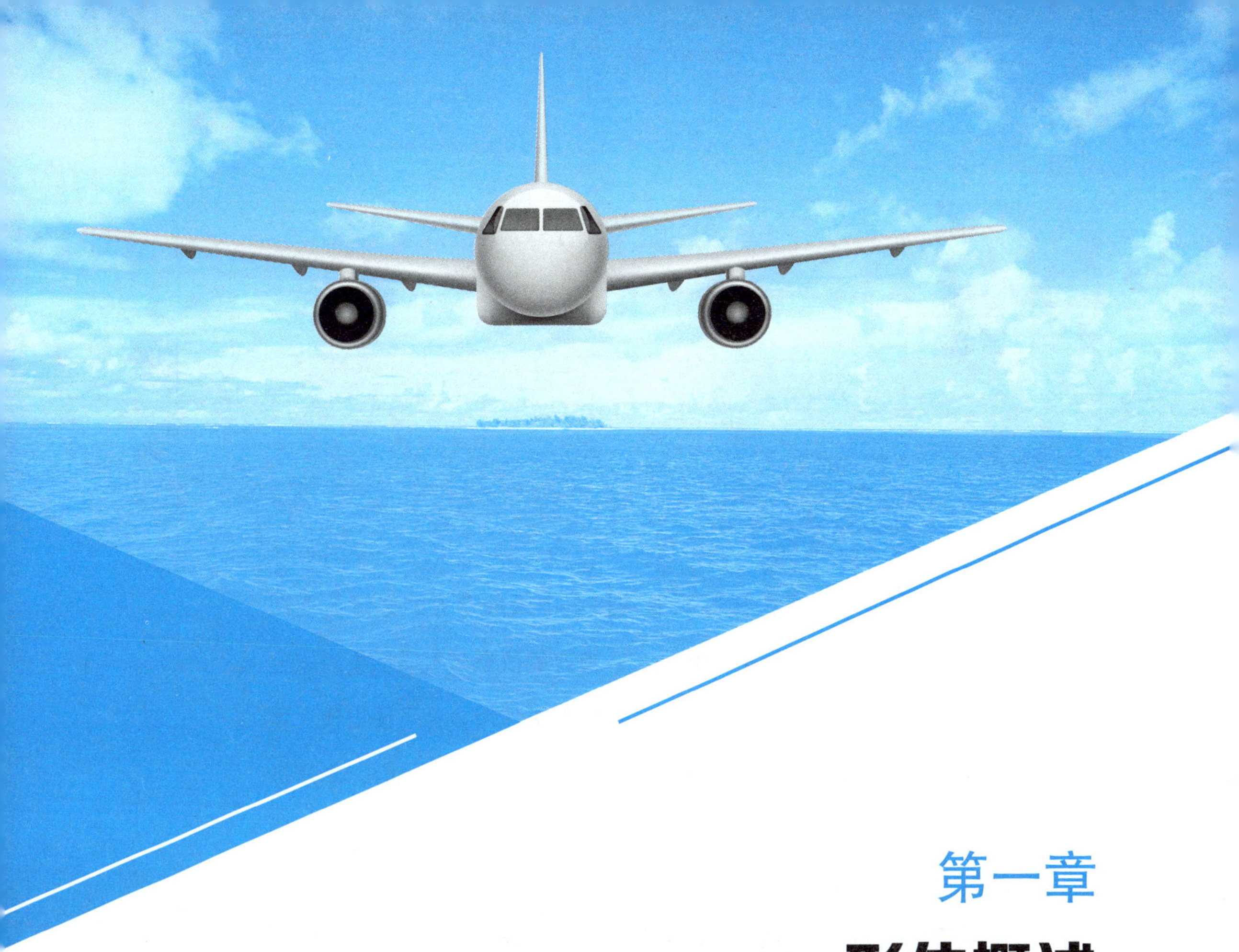

第一章

形体概述

知识目标

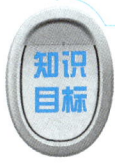

1. 了解开设形体训练课程的目的和作用。
2. 了解形体美的内涵及其社会功能。
3. 掌握形体美的要求、训练内容和结构特征。

技能目标

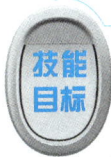

1. 使当代大学生具备审美意识和审美能力。
2. 提高大学生的德育和美育能力。

素养目标

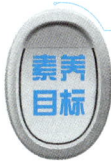

1. 通过学习使学生树立强大的意志力和优秀品质。
2. 通过形体塑造和训练，培养学生正确的审美观。

学前导读

　　形体训练作为高等职业院校空中乘务专业的必修技能课程，具有十分重要的课程地位。良好的仪态与气质形象对职业行为习惯及规范的养成起到很好的促进作用。为了使当代大学生在走入职场时能够获得更强的社会竞争力和自信心，本章针对大学生的生理特点和形体特点，综合参考了中外形体教学的方法和内容，侧重知识、能力、兴趣和爱好多方面相结合。

　　形体训练是构成肢体动作语汇最基本的单位，是通过肢体语言来表达内心情感的一种方式。形体训练的主要特征是以人体生理科学原理、美学原理为指导，以传统礼乐文化为中心，以身体训练为主要手段，以发展专项素质为基础，以塑造完美体态为核心，以提高大学生面试才艺技巧为重点，以培养学生良好的个人素质和内在修养为目的，对大学生进行艺术、德育、美育教育的过程。

第一节　形体美的内涵

高职类院校空中乘务专业开设形体训练课，目的是引导大学生矫正不良身姿，打造完美形象，促进身心协调，提高审美能力和对美的正确认知，以增强学生的自信心，提升学生的个人气质和内在修养，为以后从事空中乘务服务工作奠定良好的职业形态打下基础。

形体美作为美的主体，与社会美紧密相连，是社会美的核心。人的形体美是自然美的最高形态。人的形体美特征，包含了两种含义：一是人外在的形体美；二是作为社会人内在的心灵美、气质美。

为了更好地学习和掌握训练内容，应首要明确形体美的内涵和基本标准及应遵循的原则。

一、形体美的定义

形体是指人身体的形态，由体格、体形、姿态三个方面构成。体形是指身体各个部分的比例、各种围度之间的比例等。姿态是指人坐、立、行、走等各种基本活动的姿势。所谓形体美，是由健壮体格、完美体形、优美姿态融汇而成的，展现出和谐的整体美。对每个人来说，当然是人人都想得到自身的完美，换句话说，也就是求得心灵（内容）与身体（形式）两个方面都达到尽善尽美的程度。

读书笔记

由形体构成的要素不难看出，形体美是一种综合的美。它既包含了人体外表形状轮廓的美，又包含了人体在各种活动中表现出来的体态美。心灵美是内在的，体现在人的思想、精神、情操、品德和风度等方面。身体美是外在的，指人的体形、仪表、举止等方面。形体艺术训练正是采用了舞蹈基础技能与健美训练相结合的教学方法，使人的内在美与外在美达到和谐统一的艺术形式美。

在形体训练课堂上，可以通过形体艺术技能和理论学习，提高自身的技能水平，灵活自如地表现自我，在体验优美、高尚、健康、温柔、刚健、细腻、粗犷等感情的同时，陶冶自己。

二、塑造形体美的基本要求

在鉴别与评价形体美时，切不可将体格、体形、姿态三大要素孤立地割裂开来，必须全面综合分析，着眼于整体，在塑造自身的形体美时，则要根据本身的自然条件，从整体美的角度出发，进行身体各个部分的强化训练，达到协调配合的训练目的，方能实现美化形体的愿望。

（1）男生：突出胸、肩、背的训练，使胸背肌健硕，肩膀宽阔，以体现男生的阳刚之美；

（2）女生：突出胸、腰腹、腿的柔韧性和力度的训练，展现曲线美。

学习的模仿性是形体训练课中的初级阶段。要通过教材和教学辅助资源，结合教师的动作演示，进行模仿学习和不断的练习，从陌生到熟悉，从感知到领会来掌握学习内容。变化练习主要是根据自身体能和基本条件，在全面学习的基础上，充分发挥主观能动性，改变练习的内在因素，包括动作的节奏、幅度、速度的变化，可通过动作方向和运动路线的拓展与缩小的不同组合方式来反复练习。

三、形体训练的社会功能

（一）增强体质，净化心灵

早在18世纪，法国著名的思想家与哲学家伏尔泰就提出了"生命在于运动"的观点。在我国古代，人们在求生存、与大自然的斗争中就以各种各样、自娱自乐的运动形式来强身健体，消灾祛病。据《吕氏春秋·古乐》中记载，在远古阴康氏年代，天气阴霾多雨，河道壅塞不通，洪水泛滥，人们的情绪忧郁，身体也逐渐衰弱。于是，有人就创造了健美的舞蹈让大家跳，舒展人们的筋骨、增强人们的体质，排除了"滞伏""郁淤"的潮湿阴沉之气，使人们恢复了健康。

我国的传统医学和现代医学也都一致认为，适当的运动对人体健康大有裨益：

（1）促进骨骼和肌肉的生长，使身体健康、匀称的发展；

（2）调节心神，强化各脏腑组织的协调功能；

（3）增强"心主血脉"和"肺主气"的功能；

（4）增强脾胃功能，有助于饮食的消化和吸收；

（5）能促进体内的新陈代谢，是恢复代谢功能最积极的措施。

这种既能增强体质，又能体现青春活力的功能运动，正是人们普遍追求的形体训练。从表面上看，形体训练是一般的健身运动，但实质上是一种更为高级的艺术化运动。训练的内容主要由一种经过提炼、组织、美化、节律化的人体动态造型的运动组成。参与者在优美的旋律伴奏下，在自身形体有节奏的律动中，充分感受到自我的存在、生命的活力，感受到自我展示的形体之美、气质神韵之美、节律之美和力量之美。在这种内情外化的运动过程中，同时获得了自身精神和肉体融会的美感，进入身心合一、内外交融的美妙境界。所以说，形体训练是一种美好、和谐的运动，既锻炼身体又净化心灵。

（二）欣赏愉悦，陶冶情操

形体训练在培养人们追求美、塑造美的形体的同时，也在人们提高自身艺术修养、追求高尚的情操和培养审美趣味等方面，有着不可替代的重要作用。现代社会，人们利用闲暇时光积极投身各种有利于健康的文化活动、健身运动。人们在亲身参加这些创造美的运动过程中，将内心的美好情感充分地表现出来，并给自己的身心带来愉悦和审美感受，激发人们向往更高、更美好的境界，引导人们追求生活崇高地理想和情操。形体训练的这一功能是语言文字难以表达的，只有自己积极参与，才能有这种感受。

优美动人的外形不但营造了一个美好的氛围，而且从外在形态直至精神内涵都能得到愉悦和陶冶，使自己变得更美好、更善良、更崇高。这种审美的感受在人们的社会实践和社会生活中起着巨大的作用，它促进人的全面发展，帮助人们改造现实，是现代人自身修养、自我娱乐的最好形式。

（三）美化社会，认识世界

读书笔记

形体训练的各个部分，从外部形态看，是各种动作和姿态的交替展现。从内部结构上看，它是一种以人体动态造型为主来表现和抒发人们美好情感的文化形式。人们在优美的音乐伴奏下，通过人体的律动，相互传达情感语言的信息，相互激励着对美好的追求，同时加深了人们之间的理解和融合，强化了整体的凝聚力。

在当今时代，社会发展很快，对人才的综合素质要求越来越高。作为高校学生，要使自己适应社会需求，在激烈的人才竞争中得到社会的认可，除具备一定的专业知识和技能外，还需拥有健美的形体和高雅的气质，以及具备端庄得体的举止礼仪风范。形体训练课程正是本着这个目标而开设的，学生在学习过程中进一步了解现在丰富多彩的社会生活，以及生活中人们的情感变化。该课程可以帮助学生正确认识现实生活，以健康的心态对待生活，以健美的身体实现自我的真实反映，还可以获得一定的社会效益，为社会营造美好的氛围。

（四）发扬传统，传承礼乐

中华文化长久以来的文化积淀，同儒家的礼乐文化有着千丝万缕的联系，礼乐文化既是纯粹的文化事件，更是一种价值观，根植于中华民族和中国人民的内心之中。每一位学生都可以举步矫健、四肢舒展、身体挺拔、仪态大方，他们的心中充满美感，这就是形体艺术美育的作用。

形体训练课程的内容丰富，形式新颖，内在联系性较强，能相互促进，不断地深化提高，是一个有机的整体。只有全面地进行形体训练的各种学习，才能实现美育目标。美育是现代人们自身建设的一个重要方面，也是学校培养德、智、体、美全面发展一代新人的重要组成部分。它把一个人的社会性与生理性融合在心理中，使一个人达到人生最高的境界。

第二节　女性形体结构

女子形体美的训练是与女性形体结构、生理特点分不开的。因此，在形体锻炼的过程中，学生一定要在老师的指导下进行科学性的训练。

一、女性的体型划分

女性的体型千差万别，对于体型的分类世界上至今也没有在科学层面上划分。目前，流行的女性体型分类中，有按照物体形状划分的苹果形、梨形、香蕉形、水桶形、沙漏形身材（图1-1）；也有按照几何形状划分的梯形、长方形、菱形身材、倒三角形身材；还有以英文字母形状为具象的A形、O形、H形、I形、Y形、X形身材。无论以哪个方式进行分类，基本上都是按照拟物、拟形来命名的。而最常用的则是以英文字母划分的六大体型。

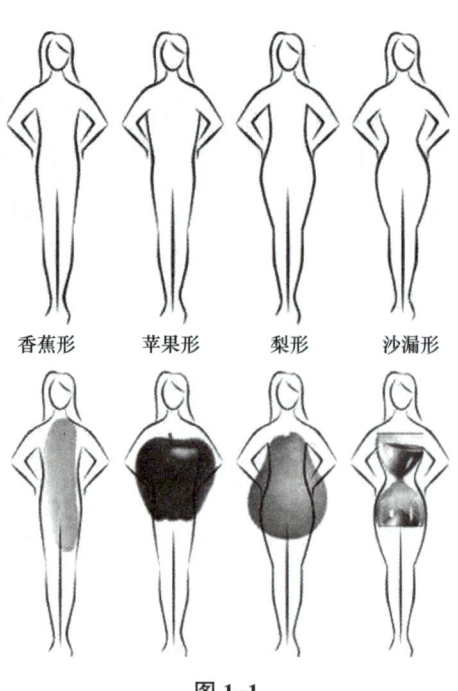

图 1-1

(一) A 形

A 形或梨形身材的女性，臀部及大腿的围度较为突出。相比之下，显得肩窄、腰细，这种体型多属于先天性。

(二) O 形

O 形或苹果形，是比较好判断的一种体形，判断的关键就是腰围。一般来说，若体重超过 60 kg、腰围超过 80 cm，臀围相对比较小，一般都属于这种身材。O 形身材是典型的后天体型，较多地受到饮食和运动习惯的影响。从 35 岁开始，大部分女性的身材都会逐步往 O 形身材发展。只有保持良好的生活习惯，才能远离不良身材。对于 O 形身材来说，最大的健康风险是腹部堆积过多脂肪而导致的中心性肥胖，使患心脏病、糖尿病的风险大大升高。

(三) H 形

H 形体型的女性三围缺乏曲线，尤其腰部曲线不明显。她们的腰、胸、臀三围的围度数值差不多，一般也比较瘦。一旦发胖会以身体中间部位（如腹部）为主，从而增加患心脏病和糖尿病的风险。

(四) I 形

I 形体型的女性的个子不算矮，但人非常瘦，而且一般都有肩窄或胯小的特征。与 H 形身材的女性一样，一旦发胖会以身体中间部位（如腹部）为主，从而增加患心脏病和糖尿病的风险。

(五) Y 形

Y 形或倒三角形体型的特点比较明显，这种体型的女性肩背部较宽、胯窄，有时候胸部也比较丰满，腰围也不会太小。一般以运动员较多，因为体脂率较低，健康风险也较低。

(六) X 形

X 形或沙漏形身材普遍被称为完美的身材，这种身材的女性各部分匀称，有较为丰满的胸部和臀部，腰围小，腰臀比较小从而形成明显的腰线。由于她们的腰围一般较小，即腹部只有较少的脂肪堆积，因此患健康风险的概率也较低。

读书笔记

无论是什么体型，多数女性基本属于矮胖型（苹果形）、平均型（梨形）和纤瘦型（枝干形）这三种体型中的一种，极端特例是很容易分辨的。

二、表现女子形体美的身体部位

对女子来说，影响形体的重要部位是胸部、腹（腰腹部）、臀部、腿部和皮肤色泽。优美的女子自然形体应包含丰满的胸、较细的腰、适度的臀、匀称的四肢和红润的肤色。形体是由骨架决定的，骨架是由骨骼构成的，骨骼的生长发育对形体的影响很大。正常的脊柱弯曲度形成一个端庄的上体姿势，加上一个略短而纯圆的胸廓、大小适中而扁平的骨盆，以及长短比例适中的上下肢骨，就构成一副匀称而协调的身材雏形。即使有匀称而协调的骨架，若肌肉、脂肪和皮肤失调，也显现不出体形的优美。所以，肌肉、脂肪和皮肤是决定体形美的重要因素。

（一）胸部

丰满的胸部是表现女性美的突出部位。女子的胸部除胸大肌和胸小肌等与男子相同外，其特殊处在于有丰富的乳腺，以及包围在腺四周的脂肪体和一些中间的结缔组织。因此，乳房是女子胸部的重要组成部分。发育成熟的乳房，以脂肪居多，而腺体不足三分之一，故脂肪的多少，决定着乳房是否丰满和富有弹性。

（二）腰腹部

坚实、平坦而稍显纤细的腰腹部是每个女性所向往的，中年妇女更是如此。它不仅标志形体优美，而且行动起来也灵活潇洒。腰腹部的肌群有腹直肌、腹内外斜肌和背部的骶棘肌和斜方肌的下部等。这些肌群介于骨盆和胸背之间，构成人体的枢纽部分，乃一身之轴。

由于腰腹部的前、后、左、右体面积大，是人体皮下脂肪贮藏量最大的地方，容易形成大腹便便、臃肿难消的形象，只有依靠坚持刻苦的全身性去脂训练（含腰腹部训练），才能使腰腹部坚实起来。腰腹部的形体练习，不仅可以发达腰腹部肌肉群、减少脂肪、健美形体，还可以改善内脏机能，对女子尤为重要。

（三）臀部

女性的臀部如过于肥大，则有损于形体美；过于瘦小，也表现不出形体的曲线。丰满而适中的臀部则能表现女性的协调和稳定。

臀之上连接于腰，下连接于腿。因而臀部肌群关系到躯干和下肢的活动。臀部的表面是皮肤，且比较厚实，皮肤的下面有丰富的皮脂腺和汗腺。再下面便是脂肪，而脂肪在这里密实且厚，形成脂肪垫，是人体坐下时承受体重的部位。脂肪的深层便是肌肉。肌肉有臀大肌、臀中肌和臀小肌。臀部的大小除与骨盆的大小有关系外，还与密实且厚的脂肪垫有相当的关系。一般较瘦小的女子，不但全身脂肪少，臀部的脂肪层也较薄。肥胖者臀部的脂肪层则很厚。同时，由于臀部活动范围小，动作幅度不大，因而单靠臀部的运动来去脂减肥效果就不会好，必须进行全身综合性的有氧训练，才能取得臀部减肥的效果。

（四）腿部

女性腿围的大小及与上体长度的比例对女性形体美有着重要的影响。优美的女性形体从骨架的比例上看。上体长度应短于下肢，这样才会平衡、协调。即使是个子矮小的女子，只要上体略短于下肢，就显不出矮来，而给人以协调、匀称之感。腿部的肌肉群比较多，其功能也比较多，所以，腿部显得灵活、有力。腿部又是女子较容易贮存脂肪的地方，特别是大腿。这就要求经常锻炼、多做跳跃和拉伸练习，保持腿部的健美。

（五）皮肤颜色和光泽

光洁而细腻、柔软富有弹性、稍黑而红润的皮肤，特别是面部皮肤，无疑给人以强烈的美感，皮肤在表现人体健美中，起着重要的作用。优秀的健美运动员每天（尤其是赛前）会抽出一定的时间，在全身涂上防晒油进行日光浴，或在特定的室内进行光照来锻炼皮肤。此外，优质的护肤膏对皮肤的细腻、光洁也起到良好的作用，轻柔的皮肤按摩则可促进局部血液循环，改善按摩部位肌肤的营养。

读书笔记

三、女性形体训练的意义

女性形体训练的意义主要在于形体训练对女性的工作、健康及创造快乐幸福生活的作用和价值。它主要表现在以下几个方面：

（一）增加身体的灵活性

形体训练运动中的拉伸运动能够使身体充分提高灵活性。随着人体的

读书笔记

年龄增长，如果经常性地做一些伸腿、弯腰动作，可以提高肌肉的伸缩性及灵活性。

（二）可以降低受伤概率

经过专业化的形体训练后，可以让身体肌肉纤维预热，提高其伸缩性，增加其灵活性。试想一下，一根被拉得很紧的绳子往往会比一根没有被拉紧的绳子容易断掉，人们身体的肌肉也是相同的道理，训练后可以降低肌肉拉伤或疼痛性肌肉痉挛的概率。血液进入人体的肌肉内或者肌肉细胞内能与氧气及营养物质共同发挥作用，用来提高肌肉的工作效率，同样，血液进入肌肉越多，人们的运动能力就会越强。

（三）纠正不良姿势

形体训练会帮助大学生纠正日常养成的不正确姿势。肌肉发紧和僵硬是造成不良姿势的元凶，如果一直以不良的姿势进行锻炼，时间长了就会影响身体挺拔程度，严重了会导致肩膀、背部的酸痛，所以，在进行形体训练的时候一定要认真对待。

（四）培养和提高审美能力

形体训练有助于女性重塑自信、取悦自己，满足女性对美的追求，利于女性综合价值的提高，培养女性完美的个性，提高其生活质量和工作的效率。尤其是未来走向职场时，端庄的仪表和良好的形体气质会为自己的优异表现加分，使大学生走入职场时能够自信满满。

思政微课堂

坚持不是一件简单的事情

在开学的第一天，古希腊哲学家苏格拉底对学生们说："今天做一个简单容易的事，每个人把胳膊尽量往前甩，然后尽量往后甩"。说完苏格拉底示范了一遍。"从今天开始，每天做300下，大家可以做到吗？"同学们都笑了，这么简单的事，有什么做不到的。过了一个月，苏格拉底问学生们："每天甩手300下，哪位同学坚持了？"有90%的同学骄傲地举起了手。又过了一个月，苏格拉底又问，这回坚持下来的学生只有八成。一年过去了，苏格拉底再次问大家:"请告诉我,最简单的甩手运动,还有哪几位同学在坚持?"这时,整个教室里,只有一个人举起了手,这个学生就是最后成为古希腊另一位大哲学家的柏拉图。

【点评】

做一件事不难,难得的是每天都坚持做一件事。只要功夫深,铁杵磨成针,看似简单的一件事,如果能坚持下去,就会成为一个与众不同的人。

第三节 形体训练的美育价值

形体训练课作为空中乘务专业的一门核心专业技能课程,其课程内容一直是美育教育中的重要表达形式。肢体动作组合而成的舞蹈,作为动作的艺术是在生活的基础上加以提炼、美化的,同时是在鲜明的节奏规律中运行的,在优美的姿态中,抒发情感,表达一定的意志和愿望,反映一定的社会生活和思想内容,使人们在舞蹈活动中得到娱乐和教育。艺术家从生活中提炼出素材,构思创作出立体鲜明的舞蹈艺术形象,意在激发人的情感活动,使人在产生愉悦的情感同时,领悟真、善、美的真谛,从而起到净化思想、陶冶情操的教育效果。这种寓教育于舞蹈形式的美感教育就是舞蹈美育。

形体训练过程是一种动态美的行为艺术培养过程,同时是一种美的教育过程。美育是人类自身建设的一个重要方面。它将一个人的社会性与生理性融合在心理中,使其达到最高的人生境界。肢体动作能够表达人们的思想感情,在形体教学中更能体现美育的特点,美育与舞蹈教学相辅相成。

读书笔记

一、美育工作的重要性

中共中央办公厅、国务院办公厅印发《关于全面加强和改进新时代学校美育工作的意见》,提出以提高学生审美和人文素养为目标,把美育纳入各级各类学校人才培养全过程,贯穿学校教育各学段。美是纯洁道德、丰富精

神的重要源泉，这一重要文件，明确了新时代学校美育为什么做？做什么？怎么做？强化了学校美育的育人功能，对引导全社会重视美育的价值、营造共同促进学校美育发展的社会氛围，具有重要的示范带动意义。

（一）形体训练是美育教育的表达形式

筋骨的舒展本身就是人的一种对生命活力的呼唤。形体展示中的人体，作为艺术表现的物质媒介，较之普通人体具有更强的能力，如软开能力、控制能力、弹跳能力、旋转能力、翻滚能力等。这些能力有先天的差异，但更多的是在后天的训练中获得的。健康的体魄是优美体态的基础，优美的体态又是健康身体的表现。对富有青春朝气的现代大学生来说，拥有健康的身体和优美的体态是同样重要的。特别是形体技能的训练对培养身体协调性、动作连贯性和音乐节奏感起到了特殊作用，会使健康的身体更加健美，让生活变得更加美好。

（二）形体美育教育在高校中的重要地位

形体美育对培养人的形象思维能力、直觉思维能力、开发人的智能，具有重大的作用。形体展示是以人体运动为媒介的传情达意的视觉艺术，运动的人体无疑是人的直觉力、创造力、想象力最典型的体现。所以，直觉与想象作为人的审美能力的表现，不仅是艺术欣赏和艺术创作中本质性的东西，也是人的能力结构中不可缺少的因素。

以由若干形体姿态组合而成的舞蹈为例：舞蹈是一种既具有独立性，又具有综合性的艺术，与其他艺术和学科有着密切的关系。舞蹈美育对开阔学生的视野，扩大知识面有积极的作用。文学上的"文思"，在舞蹈创造中就是舞蹈家动作上的"意想"，音乐上的"乐思"和舞蹈上的"意想"也是有共同性的。而学生在学习、欣赏和表演不同种类的舞蹈时，如芭蕾舞、民族舞和古典舞等，不仅能获得这些舞蹈的可感形象，了解丰富的舞蹈内容，而且能感知推导出舞蹈的风格特点和各民族舞蹈所产生并长期存在的地理环境因素，生活习俗原因和信仰、文化背景等形成条件。而这些知识的获得无疑开阔了学生的视野，扩大了学生的知识面。

（三）形体美育在专业课中的重要作用

形体训练课程的美育功能则是在审美教育、道德品质和思想情操上给人以影响。许多的教育者都有一种感受，纯粹的说教和现身实践往往效果不是很好，而将艺术的感染教育通过恰当的形式引入教学，却能得到不错的功效。这是德育的一种典型教育方法即"自我教育法"。通过这种方法，学生不仅能够自己辨别和感知正确的形体美，还能保持身体健康和良好的心态。

二、美育与形体艺术

人们对美育这个概念的理解有狭义和广义之分。广义的美育，即通常所说的"审美教育"；狭义的美育，又称为"艺术教育"。持广义美育观点的人认为美育不仅要以艺术教育为主，而且要渗透到心理教育、伦理教育及各门学科中，借助社会生活、大自然中许多现实的美的形象对人们进行审美教育，使人们树立正确的审美观念、道德观念。美育在于培养年轻一代对自然界、社会生活、日常生活、文学作品和艺术作品中美的感受，培养他们的审美情趣、审美观点和审美能力，并发展创造美的能力。

美育在构成人的个性的全面发展教育中，有其独特的功能，美育的提倡是历史的必然要求也是社会文明与进步的标志。美育，是对人心灵进行净化，对人的灵魂进行升华，使人获得对于美的正确认识，形成正确的美丑观。其是指引人们生活中审美活动的一门重要学科。对于美育的重要性，我国著名教育家蔡元培先生曾说："吾人固不可不有一种普通职业，以应利用厚生之需要；而于工作的余暇，又不可不读文学、听音乐、参观美术馆，以谋知识与感情的调和。这样，才算是认识人生的价值了。"人生离不开欣赏美、追求美、创造美，在对美的不懈追求中实现人生的理想，完成自我的飞跃与发展。

读书笔记

因此，大学生可以通过形体姿态的表达展示自己，并在美的意境中享受形体美与生活美，以促进自身综合素质的提升。当代青年学生越来越注意自身的仪表美，而形体训练在对青年学生的形体美塑造及风度气质培养方面起着重要的作用。在舞台上，身材匀称、形体优美的舞蹈演员常常令人羡慕，校园中虽然也有不少形体较为匀称，仪态气质俱佳的同学，然而，缩颈、伸脖、耸肩、塌腰、驼背、撅臀、内外八字步者也不乏其人。其实，这多数是平时不注意形体锻炼，习惯于某种不正确的姿势而造成的。空中乘务专业的学生要训练"站立挺直收腹昂胸，压肩长颈，两眼平视，面露微笑"，这种训练使人有一定内在的、向上的挺拔之感。这样的姿态配合上音乐的旋律节拍跳舞，其形态动作才能显得优雅大方。可见，形体训练教学在美育中具有重要的作用，借助形体训练教学进行美育是十分必要和重要的。

读书笔记

三、美育艺术的社会影响

党的十九届五中全会提出2035年基本实现社会主义现代化的远景目标："将我国建成文化强国、教育强国、人才强国、体育强国、健康中国，国民素质和社会文明程度达到新高度，国家文化软实力显著增强。"

面对时代的审美变迁，面对传统价值观念观与现代思维的磨合与冲撞，随着西方文化在中国的传播，中国人传统的审美观受到了很大的冲击。生活节奏、思维理念、信仰爱好、审美需求、情感方式都发生了全然不同的变化，这就迫使民族民间舞改变了传统的既有模式及创作思维、结构方式、舞蹈语言的表达，以一种新的审美原则和艺术原则展现在我们面前。在风格上不再沉迷于风格化，而是追求个性化、多样化、多变化；在造型上，不再以圆形线条和对称形为最美，而是喜欢错落有致的对比和不对称美；在肢体语言上，也打破了形式化的动作线条，追求棱角分明，充分利用时间、空间的变化，动作新颖而别致。中华民族拥有5 000年古老文明，56个民族为我们奠定了深厚的文化基础，具有很大的潜力，是取之不竭的文化宝藏。

为了将民族民间舞更好地发展下去，许多舞蹈的编导想到了现代舞中很多很好的元素和风格，并及时地将它们融入民族民间舞，形成了既是民族的更是世界的精辟观点。这些民族舞和国家现代舞的存活、发展、壮大，最终都是在自己的生活、时代、文化中找到了属于自己的身体语言和表达方式。当代舞的概念正在逐渐代替现代舞，当代舞比现代舞在时间上和舞种上都有更大的宽容度，也更加平易近人。现代舞已成为一种固有风格，因而新一代舞者需要叛逆。现代舞者都发现了"易"中蕴藏的现代舞审美标准之真义，"变"即是"常"，变化是生存之道，是保持新鲜的秘诀，只有不断地抛弃一些已有的东西，才能实现自我的超越。

视频：现代舞赏析

本章小结

形体训练是获得形体美和心理美及美的表现的主要途径。学生通过基础素质训练、技能技巧训练、健美协调训练和仪态训练等实训部分的练习，逐步具备现代人的优美外形和优雅的举止风范，从而培养和提高自己的审美理想和审美能力，挖掘对美的丰富的想象力和创造力，为社会营造优雅文明的文化环境，为弘扬中华民族的传统美德奠定良好的基础。

 实训任务

比一比：课后自制一张"体重卡"，在本学期里，每节形体训练课程结束后，对自己的体重进行测量，并认真记载体重变化。期末进行PK，选出体重保持最好的同学。

思考题

1. 什么是形体训练？其特点是什么？
2. 形体美的内涵和基本标准是什么？
3. 简述美育工作的重要性。

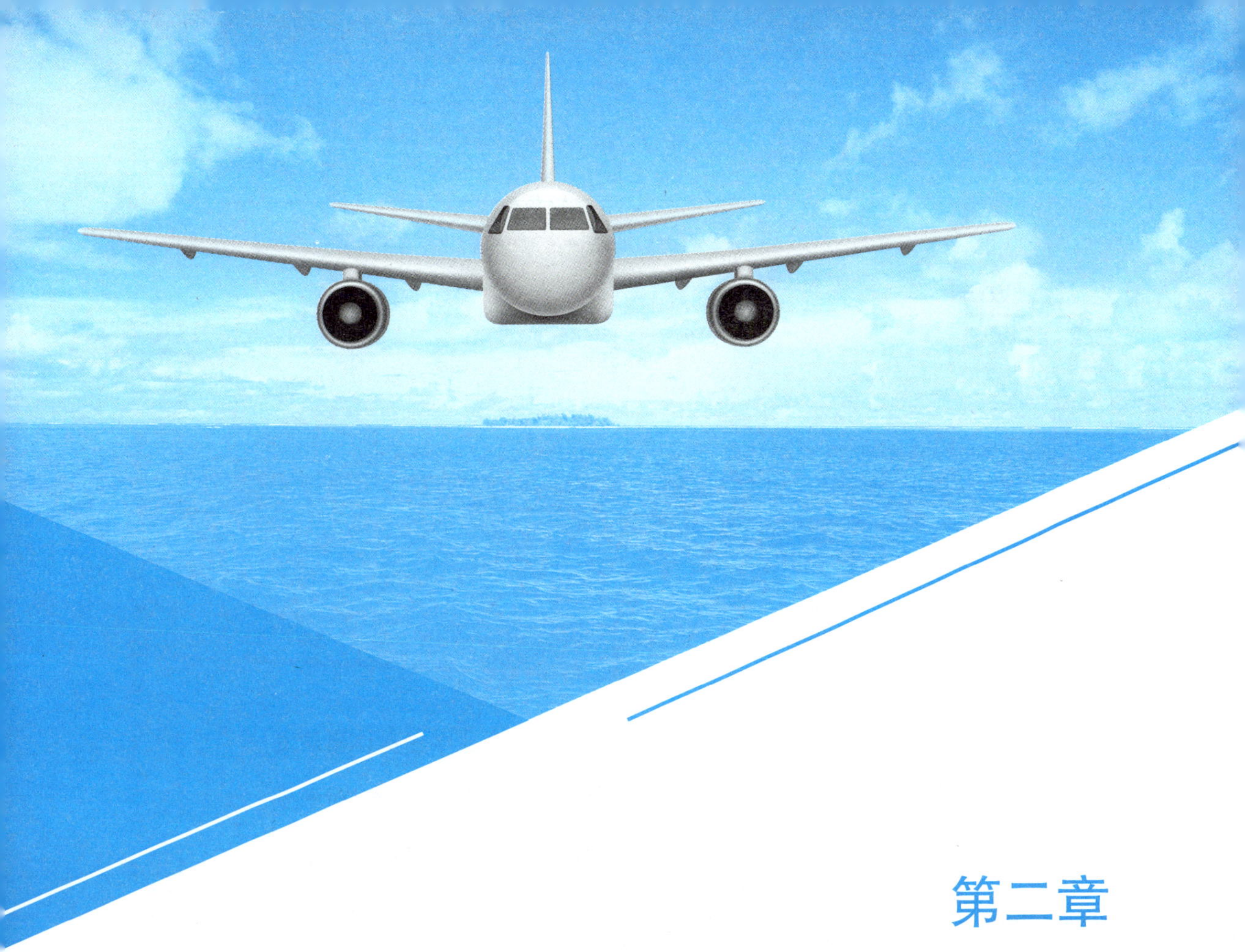

第二章

形体训练基础

知识目标

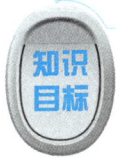

1. 了解艺术技能训练的目的和作用。
2. 掌握把杆和中间技能的规范准则、科学的训练方法和特点。
3. 掌握力训练学习应遵循的原则。

技能目标

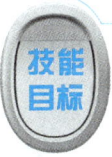

1. 具有掌握基本调整身体机能的塑美能力。
2. 具备肢体、动作协调统一的能力。
3. 具备在动静结合的音乐中进行动作配合的能力。

素养目标

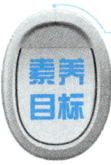

1. 培养学生坚持不懈的意志。
2. 使学生增强体质，增进健康，从而获得一个“综合美”。

　　柔韧、力量、耐力等素质是空中乘务专业学生身体素质发展的基本要求，也是形体训练的重要内容之一。它通过对学生身体肩、胸、腰、腿、胯等各部位进行训练，提高身体的柔韧性和挺拔的力度，塑造优美形体，增强体质，同时为提高形体的综合素质打下良好的基础。在形体素质训练中应遵循由易到难、从简单到复杂、循序渐进的原则，还应做到因材施教、持之以恒，注意培养学生吃苦耐劳、克服困难的优良品质和团结协作的精神，以提高学生的综合素质。

第一节 手位和脚位的规范训练

本套形体动作具有规范、严谨的特点。通过科学的训练和指导掌握形体训练的基础训练方法，学生可以使整个身体达到形体美所应做到的"开""绷""直""立"的姿态，让身体各部分肌肉和关节的柔韧性与能力有机结合，逐渐形成一种从静止到运动的向上提升、线条优美的完美体态。

一、手位训练

基本的手位、脚位的规范训练能够促进身体各部位动作协调配合，并在动作运动过程中达到平稳的作用，增强表现能力。

（一）手形

五指并拢，自然伸长，拇指和中指向下，其余手指向上翘起，五指之间留有空隙，如图2-1所示。

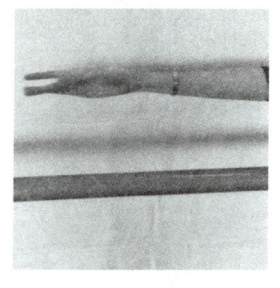

图 2-1

（二）手位

一位手：在基本站立要求的基础上，双手在身前下垂，手臂略呈弧形，两臂合成一个圆形，肘关节略用力前顶，手心朝上，两手手指相距一拳，手掌与身体也相距一拳，如图 2-2 所示。

二位手：保持一位手的形态，两条手臂平平地向上端起，手心对着胸口约第三个纽扣处，使肩到手指有一个下坡度，双肩仍保持一位手时的弧度，有一种合抱大树的感觉，如图 2-3 所示。

三位手：保持二位手的形态，双臂同时向头顶鼻子的上方抬起，手心朝头顶，肘关节略向后用力掰开，双臂仍保持弧形，如图 2-4 所示。

四位手：一手臂在三位手位置上，另一臂保持原有形态下降到二位手的位置，如图 2-5 所示。

五位手：停留在三位手的手臂仍保持不动，下降至二位手的手臂向外向旁扩张出去到正旁稍靠前，肘关节向上抬起，手心向另一侧的斜前，从肩到手指也略有一点坡度，如图 2-6 所示。

六位手：已打开到旁的手臂保持不动，另一手臂从三位手的位置上，下降到二位手的位置上，如图 2-7 所示。

七位手：原已打开的手臂仍保持不动，下降到二位手的手臂向外向旁扩张出去到正旁，此时双臂都到身旁，严防肘关节下坠，感觉上好像几个人在围抱一棵更大圆周的大树一样，如图 2-8 所示。

从七位手到一位手的做法：七位手随吸气使手心朝下，然后双手稍往上抬，略高于肩，随着呼气用手腕下沉来带动手臂轻柔地下降，逐渐回到原一位手的手位上，如图 2-8 所示。

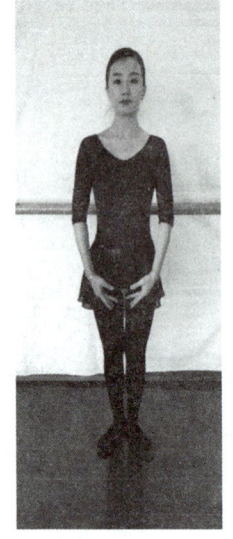

图 2-2

图 2-3

图 2-4

图 2-5

图 2-6

图 2-7

图 2-8

实训提示

双手在变位的过程中，两手臂始终保持椭圆形，头、眼随手走，身体各部位相互协调配合。手、臂到位后，要保持七个手位的规范姿态。练习时，运用内在力量，上身保持平稳，不要出现晃动。每一个手位要多控制几拍，反复练习。

视频：方位

视频：手位

二、脚位训练

（一）脚形

（1）勾脚：脚尖向上，脚拇指带动全脚尽力向上勾，如图 2-9 所示。

（2）绷脚：拇指带动脚尖尽力向下压，脚背绷直，如图 2-10 所示。

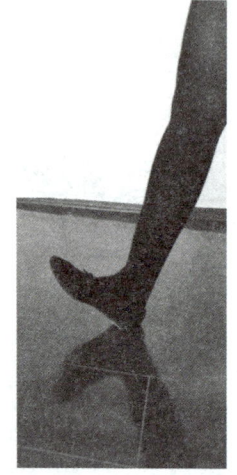

图 2-9

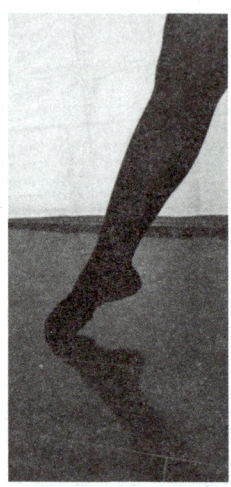

图 2-10

（二）脚的站位

（1）正步：两脚靠近，脚尖向正前 1 点钟方向，身体及头都向 1 点，重心在两脚上。

（2）八字步：两脚跟靠近，两脚尖分别为 2 点、8 点钟方向，重心在两脚上，眼看 1 点钟方向，如图 2-11 所示。

（3）大八字步：在八字步的基础上，两脚跟相距横地一脚半远，重心在两脚中间，如图 2-12 所示。

图 2-11

图 2-12

（4）丁字步：左脚在前，脚尖对 8 点钟方向，脚跟紧贴右脚窝处，右脚尖对 2 点钟方向，如一"丁"字。重心在两脚上。

（5）芭蕾的五个基本脚位。

一位脚：两脚跟靠拢，脚尖向两侧，两脚成一横线（图 2-13）。

二位脚：两脚跟左右相距约一脚，两脚在一横线上（图 2-14）。

三位脚：一脚跟相叠在另一脚弓处，平行横立（图 2-15）。

四位脚：两脚前后平行，脚尖向两侧，两脚间距离约一脚。

五位脚：两脚前后平行相靠，脚尖向两侧。

动作要点：挺胸收腹，立腰紧臀，站立平稳，胯、膝关节充分外展，身体重心落在两脚上。

图 2-13

图 2-14

图 2-15

实训提示

（1）在保持上身稳定的基础上，反复练习。

（2）脚位和脚形结合练习，注意身体重心的移动。

（3）最好将手的姿态配合脚的位置练习，以保持平衡与优美的形态。

视频：脚位

第二节 躯干和腿部动作

一、踢腿练习

腿部动作是指由髋、膝、踝、趾关节协调配合所完成的动作。它是控制身体重心稳定及姿态优美的关键。腿部的典型动作有摆动、弹性和移重心动作。通过腿部动作练习可以发展下肢各关节的灵活性、柔韧性、弹性及力量，建立正确的肌肉感觉，提高腿部动作的准确性，提升优美感。

（1）行进间向前、侧、后等方向踢腿，如图2-16所示。

（2）双腿或单腿全脚掌着地或提踵做有节奏的弹性屈伸，如图2-17所示。

（3）向前、后、左、右移重心练习，如图2-18所示。

图 2-16

图 2-17

图 2-18

实训提示

（1）小踢腿动作绷脚，速度较快，有一定的爆发力。

（2）踢出一拍完成，再控制一拍收回，控制好上身和胯不要晃动。

（3）大踢腿难度大，爆发力强，支撑腿用力钉住地面，上身直立，不要摇晃。

视频：踢腿

(4) 踢前腿、旁腿时，用脚背绷直的力量带动腿，尽量向上向远踢，胯、上身要正，保持平稳。踢后腿时，上身直立，用大腿根的力量带动腿向正后上方踢。

二、躯干动作

躯干动作是指由脊柱各关节同向或反向弯曲和扭转所完成的动作。躯干是头和四肢的连接和主导。躯干动作开发了人体中间部位的表现力，最能表现多曲线的动作造型。典型动作主要有躯干弯曲、绕环及波浪动作。通过躯干练习以发展胸、腰、髋的柔韧、协调和灵活性，使动作的幅度增大，身体动作的艺术表现力增强。

（1）站立做向前、向侧、向后弯曲练习，可坐姿或跪姿，如图 2-19 所示。

（2）站立腰绕环。也可以双腿或单腿跪立练习。

（3）向后下腰，仰头，如图 2-20 所示。

（4）跪坐躯干波浪练习，可以向前、向侧、向后方向，如图 2-21 所示。

图 2-19

图 2-20

图 2-21

实训提示

(1) 划圈时，支撑腿用力抓住地板，胯部和上身要正。

(2) 下前腰时，背拉直，上身前俯，膝直，尽量以胸触地。

(3) 下后腰时，挺胸，立腰，上身尽量向后向远方伸展。

(4) 下旁腰时，侧抬头，背伸直，以腰为轴，上身尽量侧屈。

三、走类动作

走类动作是指特殊规格的由两腿交替支撑使身体产生位移的基本走步及舞步移动动作。走类动作丰富多样，各具特色，具有较强的表现力和连接功能。典型动作有柔软步、足尖步（图2-22）、滚动步（图2-23）、弹簧步、交换步（图2-24）、华尔兹步等。通过各种走类动作可以培养协调性、节奏感及表现力。

图2-22　　　　　图2-23　　　　　图2-24

四、跑类动作

跑类动作是指特殊规格的由两腿交替支撑而产生位移并有一定腾空过

程的动作。其具有热身、准备跳跃、快速转体及连接动作等作用。典型动作主要有碎步跑、小步跑、大步跑、高抬腿跑等。通过跑类练习可以提高弹跳、速度及力量等素质。

各种形式的跑类动作并配合手臂或各种舞姿等变化，如图2-25、图2-26所示。

图 2-25

图 2-26

思政微课堂

信任与协作

两只鸟在一起生活，雄鸟采集了满满一巢果仁让雌鸟保存，由于天气干燥，果仁脱水变小，一巢果仁看上去只剩下原来的一半。雄鸟以为是雌鸟偷吃了，就把它啄死了，过了几天，下了几场雨后，空气湿润了，果仁又涨成满满的一巢。这时雄鸟十分后悔地说："是我错怪了雌鸟！"

【点评】

大学生在日常相处过程中，尤其是在形体训练课程的学习过程中，一定要学会团队协作和信任。例如：在小组学习和形体动作展示中，经常会分组进行。因此，同学之间的配合尤为重要。同学们一定要建立彼此间的团结、信任和协作意识，常常换位思考，才能取得集体的共同胜利。

第三节 跳跃练习

一、跳跃动作

跳跃动作是指克服身体重力腾空而起，在空中停留或飞行一定距离的动作。它是形体训练最鲜明的技术动作之一。典型动作有单腿跳、双腿跳、并步跳、交换腿跳、跨跳等。跳跃动作的形式多种多样，可以是单腿或双腿起跳，也可以是原地或移动或跳起腾空转体等。跳跃动作根据跳起空中的幅度还可以分为小跳、中跳、大跳。通过跳步练习可以提高弹跳、速度、力量及耐力等素质。

（1）向前后、左右方向跳跃，如图2-27所示。

（2）向前、向后的交换腿跳。

（3）不同形式的单腿或双腿原地移动或转体跳（180°～360°），如图2-28所示。

（4）大跨跳。先原地前后分腿跳，再加入助跑大跨跳，如图2-29所示。

图2-27

图2-28

图2-29

二、平衡动作

平衡动作是指以身体某一部位为支撑点，保持一定姿态的静止动作。它是衡量身体控制能力及构成难度动作的重要内容。平衡动作的形式多种多样，可以是单脚、双脚或身体其他部位（膝、臀等）支撑在地面上的动作。通过平衡动作的练习，可以加强肌肉协调性及特殊控制能力。

实训提示

（1）跳起时上身直立，落地时支撑腿重心要稳，保持动作腿舞姿，不要松，立腰，背拉直。

（2）起跳时，要用腿部力量带脚推地而起。

（3）落地时，前脚掌先着地，压脚跟半蹲，动作和姿态造型要有连贯性，膝盖和踝关节要有柔韧性。

本章小结

本章重点是增强关节的灵活性、肌肉的弹性和自如的反应能力，并为塑造健美的形体打好基础。学生在愉快的乐曲中进行集体训练，既可增强集体意识，又可以展示他们美的仪表和健康挺拔的体态；既缓解了他们的学习压力，又使学生找到了展示自我的空间。学生能在训练中提高个人的模仿能力，启发丰富的想象和对事物的感悟去表现动作的内涵。舞蹈艺术形体训练的过程也是综合能力提高的过程。

实训任务

1. 根据自身条件制订训练计划。
2. 基本技能动作及组合训练一周两次。
3. 尝试自编舞蹈训练技能组合。

思考题

1. 舞蹈艺术形体训练的作用是什么？
2. 什么是平衡动作？

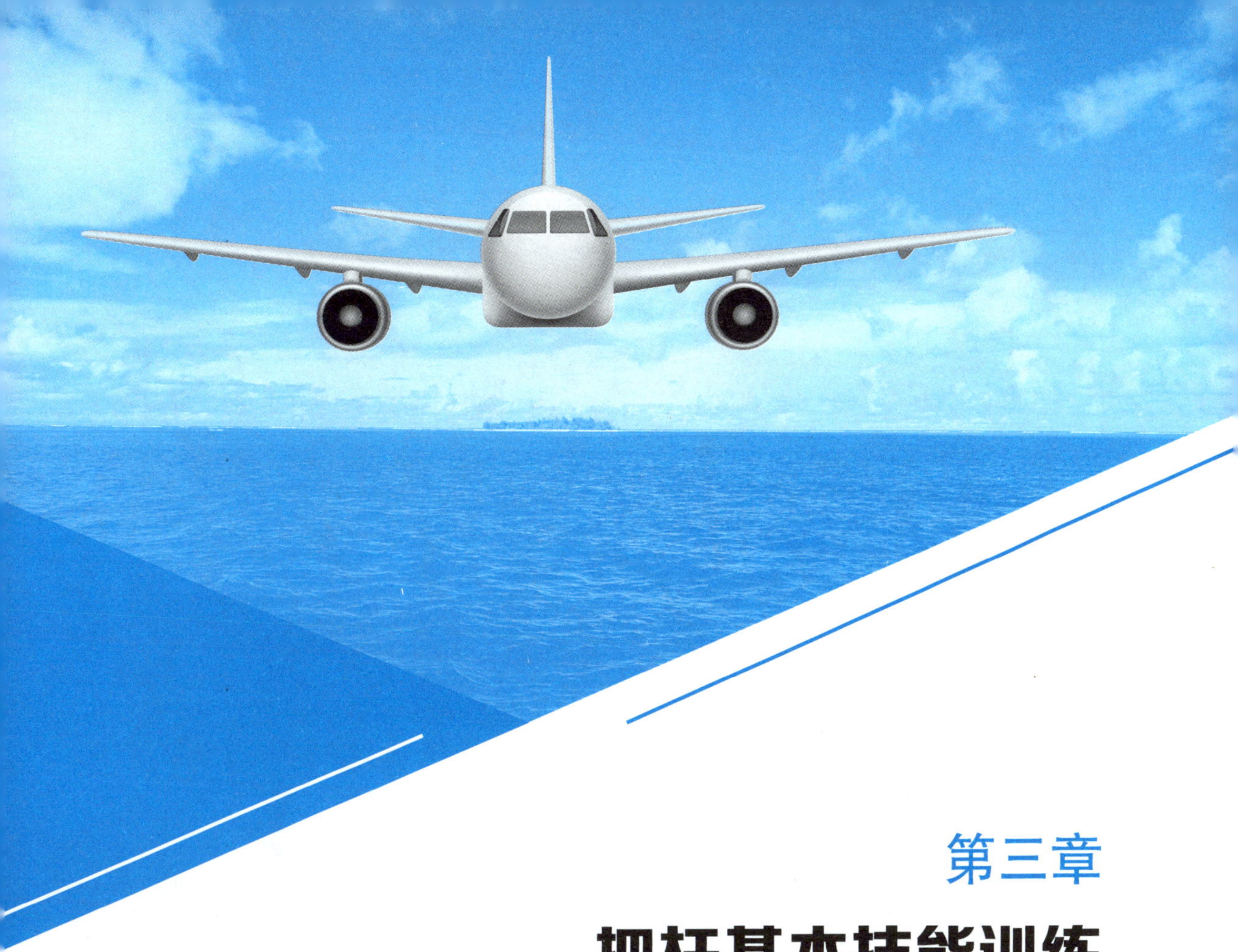

第三章

把杆基本技能训练

知识目标

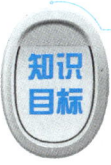

1. 了解把杆技能的规范准则。
2. 掌握把杆科学的训练方法。
3. 掌握把杆掌控力训练学习应遵循的原则。

技能目标

1. 提高学生对身体力量的控制能力。
2. 提升学生对动作的把控能力。
3. 培养学生对音乐的理解能力。

素养目标

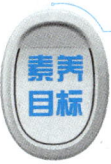

1. 使学生懂得力与美的重要性，塑造健康美。
2. 使学生身体各部分肌肉和关节的柔韧性与能力有机结合。

把杆训练主要是借助把杆的支撑力量,单手扶把,完成身体各部分机能的训练,塑造优美的姿态造型,促进力量、协调等素质的发展,提高形体的控制能力,是形体技能训练由地面过渡到空中必不可少的重要环节。

第一节　起踵练习和擦地

一、起踵练习

音乐：2/4，中速。

准备：双手扶把，一位站立。

第 1～4 小节：第 1～4 拍双脚跟慢慢提起，脚尖着地；第 5～8 拍，立踵控制，慢慢还原，如图 3-1 所示。

第 5～8 小节：动作同第 1～4 小节。

第 9～12 小节：左脚旁移一步成二位，如图 3-2 所示。

第 13～16 小节：动作同第 1～4 小节。

第 17～20 小节：右脚向左脚前上一步成五位，如图 3-3 所示。

第 21～24 小节：动作同第 1～4 小节。

结束音乐：双手收回一位。

图 3-1

图 3-2

图 3-3

实训提示

（1）起踵时双脚跟尽量上提，脚尖用力向上顶，腿、胯部肌肉收紧，双肩放松。

（2）速度应均匀，重心向上，控制身体平稳，立起、落下要稍慢。

（3）还原身体重量落在脚掌上，保持上身不松弛。

二、擦地

音乐：2/4 拍。

准备：左手扶把，右手一位，五位站立。

准备拍（2 小节）：右手打开七位。

第 1、2 小节：第 1、2 拍，右脚向前擦出，脚尖点地，如图 3-4 所示；第 3、4 拍，右脚收回前五位。

第 3、4 小节：动作同第 1、2 小节。

第 5、6 小节：第 1、2 拍，右脚向右旁擦出，脚尖点地，如图 3-5 所示；第 3、4 拍，右脚收回。

第 7、8 小节：动作同第 5、6 小节，收回后五位。

第 9、10 小节：第 1、2 拍，右脚向后擦出，脚尖点地，如图 3-6 所示；第 3、4 拍，右脚收回。

第 11、12 小节：动作同第 9、10 小节。

第 13、16 小节：动作同第 5、8 小节，第 7、8 拍，右脚收回前五位，双脚立起左转体 180°，同时左手离开把杆打开成七位。右手收回扶把，双脚落成左前五位。

第 17~28 小节：左脚为动力腿，动作同第 1~12 小节。

结束拍（2 小节）：左手收回一位。

图 3-4　　　　　　图 3-5　　　　　　图 3-6

实训提示

擦地绷脚可以在一位脚或五位脚的位置上做，动作腿尽量向远、向下延伸、绷脚背、立脚趾。固定好重心，身体不要跟动作腿晃动。前擦地脚跟先行，收回时脚尖带回，后擦地则相反，保持开度。

思政微课堂

到那时

2020年是不平凡的一年；

有太多逆行者，为了让胜利尽早到来，不顾自身安危，坚守在抗疫战争第一线；

有太多守夜人，为了让城市脉搏再次复苏，在寒冷冬夜里独自点亮一盏盏夜灯；

有太多志愿者，为了让街道重现熙熙攘攘的喧嚣，舍小家为大家，力所能及送去温暖；

有太多医护人员，为了让更多家庭一起迎接春天，争分夺秒让生命线延长一米再一米……春已至，花已开，

尽管疫情防控形势依然严峻，但胜利的曙光一定会如期而至。

到那时，阴霾一定都会过去；

到那时，每个人的笑脸一定都很灿烂；

到那时，让我们一起心向阳光，拥抱花语世界！

【点评】

这是一部抗疫题材舞蹈作品，该作品共分为四个篇章：空城、逆行、守夜、拥抱，以抗疫过程中真实的视频影像片段为背景，通过舞蹈肢体语言与逆行者、守夜人、志愿者、医护工作者等战疫人员进行跨越时空的对话，以小见大，叙述了抗疫过程中平凡且伟大的人和事，传递了等到抗疫胜利再次相聚的美好祈愿。舞者在神情上真情流露也是职业舞者专业精神的体现。

读书笔记

第二节　把杆下腰

一、蹲

音乐：4/4 拍。

准备：左手扶把，右手一位，一位站立。

准备拍（1小节）：右手打开七位。

第1～4小节：第1～2小节半蹲，如图3-7所示；第3、4小节回原位。

第5～8小节：动作同第1～4小节。

第9～12小节：第9～10小节全蹲，如图3-8所示；第11、12小节回原位。

第13～16小节：动作同第9～12小节。

第17～20小节：右脚旁擦地，落二位。

第21～24小节：第21、22小节全蹲，如图3-9所示；第23、24小节回原位。

图 3-7　　　　　图 3-8　　　　　图 3-9

第25～28小节：动作同第21～24小节。

第29～32小节：右脚收回成前五位。

第33～36小节：第33、34小节半蹲、如图3-10所示；第35，36小节回原位。

第37～40小节：动作同第33～36小节。

第41～44小节：第41、42小节全蹲，如图3-11所示，第43、44小节回原位。

图 3-10　　　　　　　图 3-11

第 45～46 小节：动作同第 41～44 小节。

结束拍（2 小节）：右手收回一位。

实训提示

（1）一位、五位全蹲可稍抬脚跟，注意胯、膝、脚尖的开度。

（2）蹲、起速度要较慢、均匀，后背挺直。

二、下腰训练

音乐：3/4 拍。

准备：左手扶把，右手一位，五位站立。

准备拍（1 小节）：右手打开七位。

第 1 小节：右脚前擦地，经旁向后划圈至后点地，收回一位。

第 2 小节：动作同第 1 小节。

第 3、4 小节：动作同第 1、2 小节反向划圈两次。

第 5 小节：右手收回至二位下前腰，如图 3-12 所示。

第 6 小节：上身慢直立还原，手抬至三位打开至七位。

第 7 小节：双脚立起，下后腰，眼看右，如图 3-13 所示。

第 8 小节：脚落下，上身慢直立还原。

第 9 小节：右手经二位至三位，向左下旁腰，如图 3-14 所示。

读书笔记

图 3-12　　　　　　　图 3-13　　　　　　　图 3-14

第 10 小节：上身立直还原，右手打开至七位。

第 11 小节：右脚打开至二位，左手离开把杆经二位抬至三位。

第 12 小节：左脚尖点地向右下腰。

第 13 小节：上身立直还原。

第 14 小节：左手下落扶把，右脚收回前五位。

结束拍（1 小节），右手回一位。

实训提示

（1）划圈时，支撑腿用力抓住地板，胯部和上身要正。

（2）下前腰时，背拉直，上身前俯，膝直，尽量以胸触地。

（3）下后腰时，挺胸，立腰，上身尽量向后向远方伸展。

（4）下旁腰时，侧抬头，背伸直，以腰为轴，上身尽量侧屈。

第三节　把杆踢腿

一、压腿

音乐：3/4 拍。

准备：左手扶把，右手一位，五位站立。

准备拍（1小节）：右手经二位至三位，右腿经前吸腿，伸直放在把杆上。

第1、2小节：第1小节前压腿，如图3-15所示；第2小节控制2拍，还原。

第3、4小节：动作同第1、2小节。

第5、6小节：第5小节，左转身45°面向把杆，右手扶把，左手三位。第6小节，右腿外旋转侧耗腿。

第7、8小节：第7小节旁压腿，如图3-16所示；第8小节控制2拍，上身还原。

第9、10小节：动作同第7、8小节。

第11、12小节：左转身90°，成右后腿，右手七位。

第13、14小节：第13小节，支撑腿屈膝半蹲如图3-17所示，立直；第14小节，再重复做一次。

图3-15　　　　　图3-16　　　　　图3-17

第15、16小节：双手同时收回经二位至三位，第15小节上身后屈压后腿；第16小节控制两拍，上身还原。

第17、18小节：动作同第15、16小节。

第19、20小节：右腿经旁腿收回成后五位，右手扶把，左手收回一位。

第21～40小节：动作同第1～20小节。

实训提示

（1）压腿时，动作腿要伸直绷脚，上身直立，前压胸贴大腿，旁压肩和身体外侧贴在大腿，后压。上身尽量向后屈。

（2）压腿、耗腿、控腿时，保持胯正，立腰立背。

二、小踢腿

音乐：2/4 拍。

准备：左手扶把，右手一位，右脚前五位站立。

准备拍（2 小节）：右手打开七位。

第 1、2 小节：第 1、2 拍，右脚向前踢出 25°，如图 3-18 所示；第 3、4 拍，右脚收回前五位。

第 3、4 小节：动作同第 1、2 小节。

第 5、6 小节：第 1、2 拍，右脚向旁踢出 25°，如图 3-19 所示；第 3、4 拍，右脚收回前五位。

第 7、8 小节：动作同第 5-6 小节，收回后五位。

第 9、10 小节：第 1、2 拍，右脚向前踢出 25°，如图 3-20 所示；第 3、4 拍，右脚收回后五位。

图 3-18　　　　　图 3-19　　　　　图 3-20

第11、12小节：动作同第9、10小节。

第13～16小节：动作同第5～8小节，第16小节第7、8拍，右脚收回前五位同时立起，左转180°，左手离开把杆打开至七位，右手收回扶把，脚跟落地或左脚至前五位。

第17～28小节：左腿为动作腿，动作同第1～12小节。

结束拍（2小节）：左手收回一位。

实训提示

（1）小踢腿动作经擦地向空中踢起25°，绷脚，速度较快，有一定的爆发力。

（2）踢出一拍完成，再控制一拍收回，控制好上身和胯，不要晃动。

知识链接

中国之光——天才芭蕾舞者

谭元元，出生于上海，她的芭蕾舞蹈造诣堪称芭蕾界的神话，其精湛的芭蕾舞技惊动全世界（图1）。她是担任美国三大芭蕾舞团之一——旧金山芭蕾舞团主要演员的唯一华人，是参加捷克布拉格"世界明星会演"的第一位亚洲人。

她身高1.67 m，平常总挽一个清爽的发髻，行走时脖子像天鹅一样颀长而挺直。她是素食主义者，脚上身上有些伤，喜欢穿软软的、旧旧的芭蕾舞鞋。在世界各地顶尖舞者云集的旧金山芭蕾舞团，她每年有135场演出，担纲了包括《天鹅湖》《吉赛尔》《奥赛罗》《罗密欧与朱丽叶》在内的全部经典剧目。演出季里，每周跳坏舞鞋4、5双。

她11岁考入上海芭蕾舞学校，14岁在芬兰第一次崭露头角，15岁在法国巴黎举行的第五届国际芭蕾舞比赛上，俄罗斯舞蹈大

图1

师乌兰诺娃给了她满分。从德国斯图加特芭蕾舞蹈学院的进修生到旧金山芭蕾舞团的独舞演员，进而主要演员，最终首席，谭元元只用了3年时间。2004年年末，谭元元被美国《时代》周刊评选为亚洲40岁以下的英雄之一，这是除刘翔之外的第二个中国人。日本权威的《舞蹈》杂志评选20世纪100位芭蕾舞蹈家，她是唯一的华人入选者。在顶级的捷克布拉格"世界明星会演"中，她是第一张出现的亚洲面孔。

（素材来源：中国舞蹈网）

视频：芭蕾舞赏析

本章小结

通过把杆知识技能训练，可以塑造健美的形体和较好的身体协调能力，并为其他舞蹈艺术创编打好基础。学生能在训练中提高个人的模仿能力，启发丰富的想象和对事物的感悟去表现动作的内涵。舞蹈艺术形体训练的过程也是综合能力提高的过程。

实训任务

1. 压腿、踢腿等基本技能动作及组合训练一周两次。
2. 尝试自编把杆训练技能组合。

思考题

1. 把杆擦地训练需要注意哪些事项？
2. 把杆下腰训练需要注意哪些事项？
3. 把杆踢腿训练需要注意哪些事项？

第四章

古典舞素质训练

1. 了解中国传统文化中的"礼乐"思想。
2. 掌握中国古典舞的风貌及精髓。
3. 掌握中国古典舞规范、技术、技巧。
4. 掌握中国古典舞动作的表现力。

1. 使学生在训练过程中,掌握动作的灵活性和节奏感。
2. 掌握肢体动作与情感表达的和谐一致的技巧。
3. 具备对古典舞蹈基本动作的鉴赏力。

1. 培养学生良好的舞蹈修养和求实创新精神。
2. 营造健康优雅的艺术氛围,提高学生艺术文化素质。
3. 强化心灵美与动作美的统一,做好美育教育。

学前导读

中国是礼仪之邦,自古以来礼乐思想都是合为一体、不可分割的。礼是天之经、地之义,是天地间最重要的秩序和仪则。"礼"本身是一套动作,按照一定的程序,身体做进、退、出、入、俯、仰等动作组合,这一切动作都要合着音乐的节奏而进行。"乐"是天地间的美妙声音,是道德的彰显。在中国舞蹈发展史上一直都重视乐舞的教育功能,以此来推行政治性社会的礼仪化道路。

中国古典舞是以民族舞为主体,以戏曲、武术等民族美学原则为基础,吸收借鉴芭蕾舞等外来艺术的有益部分,使其成为独立的、具有民族性、时代性的舞种和体系。在中国古典舞的动作和元素中,包含着中华民族的传统礼乐文化精神。本章主要是从中国传统"礼乐"文化与古典舞课堂教学相融合的角度,加强对学生古典舞蹈文化内涵的培养,注重提升学生的人文素质,增强学生对传统礼乐文化的归属感。

第一节　礼乐文化概述

"礼"规范了人们的等级关系，而"乐"（包括诗、歌、舞等）通过作用于人的情感、心灵来调和人们之间的关系，以达到"礼"与"乐"的和谐统一。"礼乐"思想既具有政治功能又具有教育功能，其通过教育来塑造符合社会要求的人。孔子重视礼乐教化对培养理想人格的作用，继承并发展了周代的教育方式，开创了私学，赋予了礼乐文化精神层面的基础，突出了"礼乐"对人的情感和意志的影响和作用。"礼乐"思想文化作为理想人格的外在规定，既有现实性又有超越性，其本质是两者的结合。

首先，"礼乐"思想文化是为人而设，其最基本的功能是规范人的情感和行为，因此，礼乐必然是体现"仁"的礼乐。内在的"仁"也必须外显为外在的礼乐，外在的礼乐必须体现、维护内在的"仁"，只有这样礼乐才能真正成为人的文明形态。人在精神修养的整个过程中，都从礼乐文化中吸收营养，得到帮助。

其次，"礼乐"与"仁"融为一体就是礼乐的内化和仁的外化的双向过程。礼和乐分别对人的行为和情感进行规定，前者体现为"无过无不及"的中庸之道，后者体现为和谐之境，礼乐文化就是以中庸致和谐的文化形态。

最后，礼乐虽然脱胎于原始宗教，但在孔子那里已经基本消除了宗教品格，因此，其超越性不是宗教的超越性，而是审美的超越性。孔子认为人能够在现实生活中获得至乐，这种乐不是容易流于无节制的感官之乐，而是立足于现实生活又超越现实生活的审美愉悦。

读书笔记

一、"礼乐"思想

"礼"是周初确定的一整套典章、制度、规矩、仪节。它的一个基本特征是原始巫术礼仪基础上的晚期氏族体系的规范化和系统化，其体制的上层建筑和意识形态直接从原始文化延续而来。也就是说，周将从远古到殷商的原始礼仪加以大规模的整理、改造和规范化，以适应早期奴隶制国家的阶级统治。这在当时是一个十分重要的变革。

"乐"在中国古代是指诗歌、音乐、舞蹈三位一体的艺术，与今天单纯意义上的"音乐"概念不同。周初统治者的"制礼作乐"，是想用礼乐

互补的方式来治国治民,以保持社会有序。因为"乐"与"礼"之间有一种自身的内在的联系。

由于礼乐各自的功能不同,两者之间存在着相互补充、相互制约的关系。这种关系一言以蔽之,即以"礼"来区别等级贵贱,以"乐"来协调人际关系和情感。一如古书云:"礼仪立,则贵贱等矣;乐文同,则上下和矣。""乐"是从内部不加强制地作用于人的情感、感发人的心灵,启发人"仁"的天性,"仁"是礼乐思想的升华,它是以启发诱导而不是教训说理来陶冶、培养人的向善之心。"乐"的这种"治心"作用是从外部规范人的行为,是"礼"所达不到的。反之,欲使人们相互之间既不失仁爱又不轻慢,并保持其等级严明,就必须施以"礼"。

《周礼》规定:"正乐县之位,王宫县,诸侯轩县,卿大夫判县,士特县。"又,"凡射,王以《驺虞》为节,诸侯以《狸首》为节,卿大夫以《采蘋》为节,士以《采蘩》为节。"在这里,"乐"显然是体现"礼"的一种手段。所以,"礼"离不开"乐",通过"乐"而导向"礼",使"礼"得到最好的施行;然"乐"的使用又不能超出"礼"的范围,要受"礼"的节制。所谓"乐者为同,礼者为异。同者相亲,异者相敬。乐胜则流,礼胜则离。合情饰貌者,礼乐之事也。乐者,天地之和也;礼者,天地之序也。和,故百物皆化;序,故群物皆别"。

所以说,西周的"制礼作乐"是指通过礼乐的并举,促使社会的外在规范最终化为人们内在心灵的愉快和满足,从而产生强烈的社会情感力量,以至影响整个社会生活,导致群体的和谐与社会稳定,达到天下大治。

二、中国古典舞蹈的礼法意识

舞蹈的本质是人心所感,外界事物激动了人心,从而表达出声音,有规律的声音就是乐,而演奏乐的舞蹈就是乐舞。可以说,人们对于舞蹈的认识,开始就坚持了反映论。儒家还认为乐与政是相通的:"是故治世之音安以乐,其政和;乱世之音怨以怒,其政乖;亡国之音哀以思,其民困。"声音之道,要坚持美与善、仁与乐的统一,所谓"兴于诗、立于礼、成于乐",通过音乐和舞蹈来陶冶人的性情,规范人的行为。

考究中国舞蹈中的礼法意识,不光要从其根源、礼规中寻求答案,而且要看评论家是如何表述古代思想的。儒家学派的乐舞观也称为"礼乐"观。"礼乐"观在先秦主要是由孔子的"乐则韶舞"的乐舞观、孟子的"与民同乐"乐舞观、荀子的"乐得其道"的乐舞观传承并光大的。

《左传》云:"国之大事,在祀与戎。"自古以来,祈天祭祖就是中国国政中的一项重要内容。将祭天祀祖与保家卫国相提并论,足见祭祀在国家政治生活中的重要位置。而祭祀活动中,舞蹈又是其必行的程序和内容,因此一直为历代王朝所重视。尤其是在春秋大祭之时,为象征国家之昌盛兴旺,表明祭祀之虔诚隆重,用舞就更加讲究,更为严肃规范,并且往往由皇帝亲率群臣以祭。

三、中国古典舞形态中的"礼乐"思想寻源

客观存在的"礼乐"思想是如何过渡到现实存在的中国古典舞中的呢?这其间的最根本依据是传统。发展传统、扎根传统、热爱传统是根本,也是进行实践的途径和手段。现在的古典舞,并不是原来的古代传统舞蹈,我们根本没有能力及条件将古代传统舞蹈原封不动地进行保存和传承。

现在的古典舞,是我国几代人对传统舞蹈的认识、继承和重建。其状态是从戏曲和一些尚存的中国古代雅乐、礼乐、女乐等史料记载中汲取元素形成的。这就意味着中国古典舞的舞蹈形式,更应该充分积淀厚重的中国传统文化和体现人文气质的真谛,成为中国人和中华民族传统"礼乐"精神的一种具有典型意义的学术建设和展示。它的品质如同其他中国传统文化体系那样意蕴悠长、经久寻味,并且能够让人在观赏后仍能感受到余音"绕梁三日"而不止的惬意。

周代的宫廷舞蹈有明显的功利目的,礼祀上帝先祖、教习氏族贵胄,为"礼乐舞蹈"。汉代的宫廷舞蹈不再以娱神为主,而是回到以娱人为主,女巫成为女乐;从循礼走向重艺之"技"与重艺之"色",为"女乐舞蹈"。魏晋的宫廷舞蹈带有浓厚的超然脱俗、寻求方外之趣的特点,因此称为"仙乐舞蹈"。其中,"女乐舞蹈"与"仙乐舞蹈"都是以荆楚文化精神为衣襟而分别展向的两袖,这是这个时期的特点。

唐代的宫廷舞蹈通常以"宴乐舞蹈"为其典型特征,即主要在宴会中助兴的舞蹈。但初唐、盛唐与中、晚唐"宴乐舞蹈"差异大。初、盛唐以"十部乐"助兴,拥天下来朝之泱泱大风,中晚唐以"健舞""软舞"助兴。

宋代重在"健舞""软舞"的基调上"振兴",将小型娱乐性舞蹈,以"队舞"出。"队舞"作为宋代宫廷舞蹈的主要样式,其间似有一种在文

化上包揽先朝"礼乐""女乐""仙乐""宴乐"之舞蹈的意解，或可称"广乐舞蹈"，宋代"队舞"已是一种综合表演艺术形态。

明清宫廷不设乐府、教坊等乐舞管理机构。当时文人士大夫有蓄养歌舞女伎者的习惯，其歌舞唤为"家乐"，也是青楼舞女另一寄身之地。"家乐舞蹈"虽可现"女乐"之风，却难符"古典"之义。同期"戏曲舞蹈"生发，其为戏曲内容表现，当时为舞蹈性较强之折子戏所表现，跟随戏曲艺术屡入宫廷戏台，身入大雅，"行当专属性"与"语言描述性"存美意，为中国古典舞的最后身影。20世纪80年代以后，乐舞史诗兴起了怀古幽情，出现了《仿唐乐舞》《九歌》《汉风》《西夏古风》等作品，依据大量的历史资料，模仿古代歌舞的华美篇章，把恢宏的场面与细腻的人物心理刻画结合起来，将中华文明气宇轩昂的气象、海纳百川的胸襟、上天入地的瑰丽想象、雄浑顿挫的灵魂叩问融入有限的舞台时空，形成了一唱三叹的不凡效果。

中国古典舞的"寻源"更多的是从传承的视角，在原有古典舞多流派的基础上，去考究能代表中国古典舞风格特征和结构形式并涵盖其美学追求的训练体系。同时，能以发展的眼光，伴随时代发展的步伐在"寻源"中使中国古典舞真正不成为古代舞蹈，也不被别的舞种所同化，这就是"寻源"的目的。

四、"礼乐"文化在古典舞中的体现与积极作用

（一）"礼乐"文化在古典舞中的体现

中国古代的礼乐文化，经过长期发展，形成了一些很好的传统，如讲究礼仪、重视德性、文艺发达，并且总是追求社会生活的有序和有活力。

儒家的礼乐学说是对礼乐本质的理性思考，是从伦理学和哲学的角度对礼乐所做的思辨性解释，这种理论对后世汉民族的社会心理和文化心态产生了深刻影响。孔子并不重视礼乐的外在形式，而是注重礼乐的内在精神。孔子曰："人而不仁如礼何？人而不仁如乐何？"孔子将礼和乐的精神归结为"仁"。"仁"就是仁爱之心，为君者要行仁德之政，为民者要有亲孝之情，这是孔子一生所推崇的社会道德标准，也是要通过人的道德的内省来达到社会和谐的理想状态。他将这种社会伦理"仁"与意识形态的社会实践（礼乐）合二为一，把以"仁"为核心的礼乐精神引向人的内心世界，用它来内以建立个人的崇高的人格，外以图谋社会的普及的幸福。

(二)"礼乐"文化在中国古典舞蹈发展中的积极作用

中国舞蹈作为当代舞蹈领域中一个非常重要的、客观存在的实体,已经形成了自己独有的舞蹈语言、技巧规范。与美学特征和别的舞种相比,它固然不够成熟,但孕育着强大的生命力和民族文化。

早在西周年间,西周政权吸取前代经验教训,在因袭夏、商礼仪乐制的基础上,增订修改,制定了一整套礼乐制造规范,即史书上盛传的周公"制礼作乐"。周代的礼乐制度继承了夏商时期的乐舞文化,建立了明确的宫廷雅乐体系,组织了初具规模的乐舞机构大司乐,规定了音乐舞蹈的教育制度,这些措施在很大程度上促进了舞蹈艺术的发展。随着礼乐制度的产生,儒家"礼乐"思想在中国舞蹈中产生了重要的作用。

在周代的礼乐制度——制礼作乐中,"礼"即周初确定的一整套曲章、制度规矩、仪节。春秋末年,随着生产关系和社会政治、经济制度的变化,舞蹈地位也逐步提高,产生了代表不同阶级、阶层和集团利益的各种学派,使儒家"礼乐"思想逐步发展,形成了"百家争鸣"的局面。在先秦诸子中,对舞蹈思想理论研究比较深刻的首推儒家学派。它的创始人孔子总结了前人的见解,创造了自己的理论基础,为儒家"礼乐"思想奠定了基础。从中可以看出,当时儒家的"礼乐"思想对于中国舞蹈艺术有着重要的影响。

第二节 中国古典舞的发展历程

一、中国古典舞的概念

我国舞蹈文化源远流长,在漫长的发展历程中从未停止发展,而是随着时代的变化而不断流变。"中国古典舞"这一概念最早是由我国著名戏曲大师欧阳予倩先生提出的,是在中国戏曲舞蹈和中国武术的基础上,结合外国芭蕾舞,逐步总结、归纳而创立的。中国古典舞继承了传统文化的精髓,使其形成了一个特指概念,也成了中国舞蹈艺术中一道独特的风景线。"中国古典舞"并不是泛指所有的中国古典的舞蹈,而是指在继承传统舞蹈的基础上,

视频:戏曲广播体操

体现古典文化精神、具有中国民族气质的舞蹈，它并不是古典舞蹈的翻版，它是建立在深厚的传统舞蹈美学基础上，适应现代人欣赏习惯的新古典舞。它是以民族舞为主体，以戏曲、武术等民族美学原则为基础，吸收借鉴芭蕾舞等外来艺术的有益部分，使其成为独立的具有民族性、时代性的舞种和体系。

关于中国古典舞的诞生，人们众说纷纭，即便如此，对其产生的认识都不可避免地停留在戏曲上。也就是说，无论是谁，都不可否认中国古典舞是以戏曲为母体而产生的。讨论中国古典舞的发展历程，就必须提及它经历的三个名称，即戏曲舞蹈、中国古典舞、"学院派"中国古典舞。显然，"学院派"中国古典舞是建构在前两者基础之上的，它是依托于前两者而产生的更系统、更完整的一种适合课堂的舞蹈体系。

当前，人们需要明确古典舞与中国古典舞蹈存在怎样的区别和联系，以便更好地渗透中国古典舞的概念。通过查阅可知，中国古典舞是从我国传统的古代舞蹈中遴选出来的，经过世代传承和改变流传至今，并且能够继续流传下去的舞蹈。古典舞蹈是中国古典舞的前提。

二、中国古典舞的发展历程

新中国成立以后，我国舞蹈家从 20 世纪 50 年代开始，根据"百花齐放、推陈出新"的方针政策，建立和发展具有民族特色的中国舞蹈事业。当时我国既没有从古代传承下来的专业舞蹈形式，也没有现成的中国舞剧艺术，对于国外芭蕾舞采取不套用现成的基本动作为原则。中国古典舞在 70 多年的发展过程中，经历了初创期、停滞期、发展期、成熟期、创新期等阶段。

（一）第一个阶段——初创期

20 世纪 50—60 年代。这个阶段对于古典舞的形成与发展尤为重要，它奠定了中国古典舞的基本风格，确立了古典舞主要是对中国戏曲舞蹈的模仿、移植、提炼、整理的基本准则，借用"戏曲动作""戏曲身段组合""戏曲行当表演片段"，同时吸收武术的动作技法、技巧。古典舞剧目初期也是依靠提炼中国戏曲的剧目题材为主，同时，又从古典文学、神话传说、历史故事、舞蹈史料中寻找创作题材。欧阳予倩认为，戏曲中那"鲜明的节奏、幽雅的韵律、健康美丽的线条、强大的表现力，显然看得出中国古典舞特有的风格，这是世界上任何一个地方所没有的……"在这个基础上，借鉴戏曲、芭蕾舞的训练形式与技巧，便形成了中国古典舞的舞蹈形式。

中国第一部真正意义的舞剧《宝莲灯》的诞生，使中国有了古典舞的舞剧这个具有划时代开创性的作品，确立了古典舞的形式，为后来古典舞的创作与发展奠定了基础。《宝莲灯》创作成功之后，出现了一批这类的舞蹈作品，如《小刀会》《春江花月夜》等。

（二）第二个阶段——停滞期

20世纪60—70年代。由于历史原因，当时舞台上不允许出现古典舞所擅长表现的传统文化中的历史事件或才子佳人题材。所以，在这个阶段舞台上很难看到古典舞的踪影，古典舞的发展基本上处于停滞状态。

（三）第三个阶段——发展期

20世纪80年代。文艺工作者摆脱了桎梏和枷锁，心情舒畅，创作热情高涨，满怀激情地迎来了艺术创作的新时代，从而形成了文艺创作的繁荣局面。在舞蹈创作上首先是继承与发展，不断丰富和完善古典舞舞蹈词汇，拓宽古典舞创作的思路；其次是逐渐摆脱初创时期对戏曲模仿的痕迹，古典舞的审美追求逐渐明确，真正从身体语言的表现、结构、审美出发，使古典舞逐步发展完善。20世纪80年代古典舞"身韵"的确立，使古典舞有了这个舞种最基本的舞蹈语汇或典型符号，扩大了古典舞的表现方式，逐步由单一的叙事为主的舞蹈形式，走向抽象性、交响性、个性化的发展方向，扩大了古典舞肢体语言的表现力，将音乐与舞蹈结合得更为紧密，使舞蹈语言有了更深层的内涵。

（四）第四个阶段——成熟期

20世纪90年代，中国处于经济迅猛发展的改革开放时期，文化艺术与国际交流更为频繁，形成相互交融、相互促进的局面。古典舞在创作意识上深入挖掘古典文化和古代艺术的内涵，在表现手段上不断提高完善、突破传统，推动古典舞向更高的高度发展。

（五）第五个阶段——创新期

进入21世纪，古典舞寻求自我突破与创新的意识更为强烈，文艺工作者将现代舞的创作思维逐渐融入古典舞的创作，在一如既往地追求弘扬民族传统与精神的框架中，使舞蹈创作在表现手段、表现形式、审美追求

读书笔记

上表现得更为大胆，凸显出与世界潮流相融合的趋向，从而挖掘、创作出更为超越、更有文化底蕴的舞蹈作品。

随着中国社会经济的迅猛发展，人们的文化水平、审美追求不断变化和提高，中国当代舞蹈的创作在人文环境、艺术标准、社会责任及审美感知等方面都在发生着变化，形成思想活跃、视野开阔、创新力强的局面。随着中国社会经济的稳定发展，特别是国际社会影响力的不断增强，使中国古典舞的创作与探索有了坚强的后盾。

现代舞的影响不断扩大，人们对肢体语言有着新的解读，这一切都对古典舞的发展产生着影响。中国古典舞不是古代历史舞蹈的复制，它是古典传统的现代创造，具有复兴与重构的意义，它重在对传统舞蹈动作形态的研究、挖掘、提炼、创造和运用上，同时融合了更多的艺术元素于其中，它集娱乐、欣赏、传承于一身。

中国古典舞在表现内容上有其独特性，它基本上是围绕着中国传统文化的核心精神、思想感情与人文品格展开的，涉及崇高的英雄主义、乐观的人生追求、悲伤哀愁的人生痛苦、文人雅士超逸清雅及孤高愤俗的品格，特别是与中国古典文化中的琴棋书画、松月竹梅、山水自然意趣相融。古典舞是中国传统文化精髓展现的载体，以它独特的舞蹈特征成为最具中国特色的重要舞种。

视频：古典舞：《春江花月夜》欣赏

第三节　中国古典舞音乐的特点

中国古典音乐有着悠久的历史，它以其源远流长和多种多样的艺术形式屹立于世界音乐艺术之林。中国古典音乐具有浓郁的民族风格、典雅优美的旋律、多姿多彩的演奏形式，是世界音乐文化的重要组成部分。中国古典音乐体现了中华民族的精神、文化、品位与追求，它不仅讲究意境，更讲究神韵，既含蓄又有内涵，真情流露，又委婉缠绵，在舒缓中隐含着激情，在平淡中渗透着真挚，无处不体现着中国传统文化的审美特征。中国古典音乐又好像是用线条画出的中国画，旋律像画笔一样勾勒着它的线条，体现着中国音乐线性思维的特点，与西方音乐的立体性思维形成对比，彰显出中华民族的音乐特色。

中国古典舞音乐与中国古典音乐关系十分密切，两者的音乐风格追求

趋向大体相同。古典舞的音乐类型并不复杂,目前所用的音乐主要包含以下几种类型:

(1)直接使用中国古典音乐名曲;

(2)用现有的乐曲进行拼接;

(3)采用中国音乐元素进行创作;

(4)运用现代作曲技法与音响创作音乐。

一、音阶与旋律的特点

在世界上众多的国家、地区的不同民族中,音乐在不同的历史时期会形成各种各样的调式,各种调式因其音与音之间相互关系的不同,与其表现手法相结合,使音乐形成不同的情感表达及风格特征,从而展现出不同的文化内涵。

中国虽然早在周代就已经有了七声音阶,但是在实际的音乐应用中,七声音阶使用得并不多,从现在民间大量存在的民歌、器乐、古曲中,我们可以清楚地看到五声音阶占据统治地位,因此,五声音阶才是中国古典舞音乐使用的主要音阶。

在《管子·地员篇》中记载着中国音乐史上重要的"三分损益法",采用这种数学运算方式,便形成了"宫、商、角、徵、羽"五个音,这五个音在运用时又进行了引申,被赋予更多的含义。中国古代著名的音乐论著《乐记》中将五声中的宫、商、角、徵、羽神秘地解释为宫为君,商为臣,角为民,徵为事,羽为物,从而反映了古代封建等级制度对音乐方面的影响。在《汉书·律历志》中把宫、商、角、徵、羽与土、金、木、火、水,东、南、西、北、中,春、夏、秋、冬联系起来。所谓宫为土声,居中央,与四方、四时相应;角为木声,居东方,时序为春;徵为火声,居南方,时序为夏;商为金声,居西方,时序为秋;羽为水声,居北方,时序为冬。

这五个音按高低次序排列形成一种音阶调式,被称为五声音阶,即宫、商、角、徵、羽,相当于简谱上的1(do)、2(re)、3(mi)、5(sol)、6(la)。这五个音构成五种调式,即宫调式、商调式、角调式、徵调式、羽调式。由于五声调式缺乏半音这样尖锐、刺耳的音程关系,因此,五声调式色彩相对比较平和。但是,五个调式各具特色,宫调式和徵调式的色彩较为接近,具有明亮的特点,羽调式和角调式的色彩较为接近,具有暗淡的特点,商调式介于两者之间。调式就是音和音之间的相互关系,不同

读书笔记

的音乐采用不同的调式，对于表现音乐内容和音乐风格起着十分重要的作用。

中外作曲家在创作具有中国风格的作品时，首先要考虑的就是使用中国调式，以强化作品的民族色彩，使音乐具有浓郁的中国韵味。如意大利著名作曲家普契尼创作的闻名世界的歌剧《图兰朵》，为了体现中国公主的特点，音乐上采用了具有五声音阶特点的江苏民歌《茉莉花》。奥地利杰出的作曲家、指挥家马勒根据中国唐诗运用五声音阶创作了交响性套曲《大地之歌》。奥地利著名作曲家和小提琴家弗里茨·克莱斯勒创作的《中国花鼓》中也采用了五声音阶中国调式。对于世界而言，具有鲜明民族色彩的民族调式对音乐创作有着不可估量的文化价值。由于五声音阶独特的构成，自然而然地流淌出中国音乐的特点，古典舞的音乐大多采用五声音阶调式，其旋律具有柔和、温婉、抒情的中国音乐风格。

二、乐器的特点

中国自古以来乐器种类繁多，周代由于乐器种类和数量十分庞大，音乐理论家就制定了乐器八音分类法，即金、石、土、革、丝、木、匏、竹。随着时间的推移，有些乐器慢慢被淘汰了，被新兴的乐器所替代，实际上能够从古代流传至今的乐器数量和种类并不多。每一种乐器都有它无法替代的艺术特色，包括乐器形制、声音特色、演奏技法、乐曲内容等，这些就是乐器的"身份证"。当人们听到巴乌的时候，一定会想到西南少数民族；当人们听到京胡的时候，就会想到京剧；当人们听到打起的手鼓时定会想起西北新疆维吾尔族。任何音乐只有在乐器演奏或人声演唱之后，其音乐风格才能得以最充分地体现出来。

长期以来，中国古典舞音乐最偏爱的乐器有筝、古琴、二胡、琵琶、鼓等。这些乐器最具中国特色，静心聆听用它们演奏出来的音乐，醇厚的韵味油然而生在人们心灵深处回旋激荡。

1. 筝

筝也叫作古筝、秦筝，2 000多年前战国时代就已在秦国流行。筝的体积比琴大得多，其外形如一长方木匣子，由桐木制成。历代筝的琴弦数量不等，现多为21弦～16弦，各弦平均地排列在琴面上，每根弦都有码子支撑着，码子可以左右移动，用来调整音高和音质，也可以用作转调，音域可达三个八度。在演奏筝时，双手绑上指甲，表演手法十分丰富，左手是按弦，有按音、滑音、吟音扣弦等；右手是弹弦，有劈、托、抹、挑、大指摇等技法，特别是筝的刮奏很有特色，它能使旋律增添华丽、流畅之感。筝的音色清雅秀丽、优美动听，善于表现微风轻拂、碧波荡漾、幻想仙境等，筝在近代常常为声乐伴奏及地方乐种合奏。

中华人民共和国成立以来，筝又有了新的变化，从筝的形制到乐曲的创作都有着非常大的发展。现在筝多用于独奏、伴奏和小型乐队的合奏中。筝与古琴流传的范围是不一样的，筝广泛流传于民间，在各个地区的流传过程中，融合了各地区的民歌、说唱、戏曲等民间音乐，形成了以不同音的特点和独特演技法为特色的地方流派。近代比较有代表性的有河南、山东、潮州客家、浙江等流派。古代流传下来的筝曲较多，新中国成立后创作的乐曲影响也很大。筝的代表性曲目有《渔舟唱晚》《寒鸦戏水》《高山流水》《汉宫秋月蕉窗夜雨》《出水莲》《秦桑曲》《东海渔歌》《战台风》等（图 4-1）。

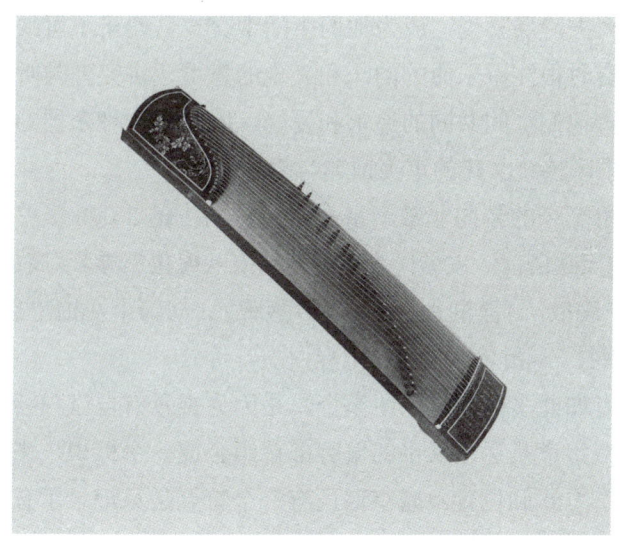

图 4-1

2. 古琴

古琴在古代称为琴，也叫作七弦琴、瑶琴、玉琴等。古琴的历史十分悠久，距今已有 3 000 年左右的历史，早在先秦时期古琴就已成为重要的乐器。"削桐为琴，绳丝为弦"，说明古琴是由桐木制成的，弦是丝制的，所以，它属于八音中的丝类。古琴的体积并不大，琴底有共鸣槽，称"凤沼""龙池"，古琴的表面用黑漆漆成，如果是一把年代久远的古琴，琴身上会有大量的龟裂纹，流传至今的古琴不仅音色好，其经济价值也是非常可观的。古琴有七根弦，无品无码，琴面上有 13 个徽，有镶嵌玉、玛瑙、骨、金、螺钿之分，用以指明音的音位，暗示左手按音的部位。古琴有三种音：泛音清冷如天籁；按音细微缥缈多变；散音松沉而旷远。泛音像天，按音如人，散音则同大地，三者称为天、地、人三籁。古琴的音域达四个八度之多，有174个按音，91个泛音。

古琴的演奏技法非常丰富，手法有50余种，其中人们常能听到一种滑的音是其很常见的演奏方式，即每一个音的出现一般不会直接弹出，常常从下往上滑或从上往下滑到这个音的位置，这是我们听到琴与其他乐器截然不同的声音规律；另外，从这个音滑到另一个音也是一个特色，它使听众听到乐曲中"嘶嘶"的声音。泛音也是古琴很有特色的音响，同样音的位置，如果轻轻地虚点一下这个音，便出现空旷的高八度音响。

古琴的音色古朴浑厚，既可以弹奏出恬静、优美的空谷回声，也可以弹奏出奔腾的流水声。古琴音量较小，主要用于自娱性的弹奏，在古代深受文人、士大夫阶层喜爱，成为他们生活中交友、娱乐不可缺少的部分，古代文人演奏时很注重乐曲的韵味和表现的意境，讲究弹与听两者之间的共鸣，体现着他们之间共同的追求和爱好。因此，这种乐器的演奏和乐曲创作饱含着中国传统文化的审美情趣与哲学思想。

古代保留至今的琴曲非常丰富，有记载的古谱3 000多首，现在人们常常演奏的有50余首。古琴代表性的曲目有《梅花三弄》《高山流水》《阳关三叠》《广陵散》《潇湘水云》《平沙落雁》《胡笳十八拍》《渔樵问答》《幽兰》《酒狂》《醉渔唱晚》《阳春白雪》等。

古琴能有如此多的曲目保留至今，是因为古琴有自己独特的记谱法，即减字谱。减字谱是运用汉字的偏旁部首组合成一个标识，来提示演奏者左右手的弹奏方式和位置。减字谱还有一个特点是只记录了音高，没有记录节奏，所以不同琴家演奏同一首曲目会有差别，因为在这个"打谱"的过程中演奏者对这个曲目的再创作，体现了演奏者的审美追求和艺术理想。因此，自古以来就形成的古琴演奏有很多派别，各有追求，各具特色。影响较大的琴派有虞山派、广陵派、泛川派、岭南派、九舞派等，每个琴派都有一些著名的演奏家和代表性曲目。

古琴在表现现代题材方面有些力不从心，有些作曲家、演奏家也在古琴音乐创作方面做了一些尝试，但效果不是很理想，影响也不是很大，现代创作的曲目也比较少。也许是古琴这种古老的音色决定了它与现代生活还是存在一定的距离，古琴总是无法摆脱那固有的古腔古音之韵味（图4-2）。

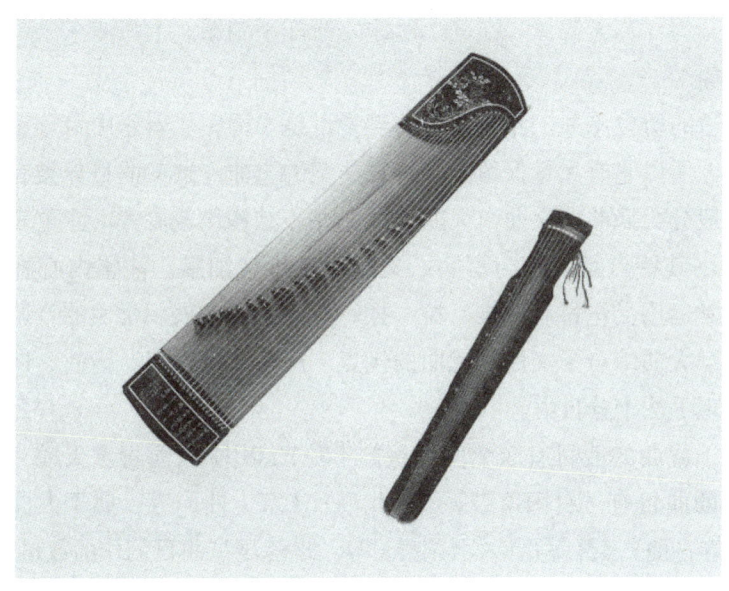

图 4-2

3. 琵琶

琵琶原是两种弹奏技法，琵为右手向前，琶为右手向后。据史料记载，在秦朝时有一种叫作鼗鼓（手摇拨浪鼓）发展成为圆形音箱的直颈琵琶，东晋时由波斯、阿拉伯一带传入我国一种梨形音箱的曲颈琵琶，唐代时将这两种琵琶结合起来，保留其各自的优点，形成了一种新的琵琶乐器，使这个乐器的演奏艺术发展到一个新的高峰，这时的琵琶是用拨子弹奏，主要用于歌舞伴奏。我们从古代保留至今的壁画和石雕中可以看到琵琶种类很多，琵琶的演奏从横抱放在坐着的腿上，逐渐变为竖抱直立起来，这个变化也经过了漫长的演变过程。经过近千年的发展改进，特别是新中国成立以后，琵琶形制的变化仍在进行着，琵琶的相、品逐渐增多，演奏方式也废掉拨子，改用右手五个手指绑假指甲弹拨。

琵琶主要由头部、颈部、腹部构成，现在的琵琶有六相二十四品，音域达四组半，能演奏全部半音，能自由地转调。琵琶有四根弦，定弦种类很多，一般最常见的定弦为 A、D、E、A。琵琶的音色很丰富，高音区清脆，中音区柔和，低音区淳厚。琵琶的演奏手法多样，基本指法左右手各有 20 余种，左手常用的技法有推、拉、揉、吟等，右手常用的技法有轮指、挑、弹扫弦等。它既能演奏气势雄伟的武曲，又能演奏细腻优雅的文曲，其音乐表现力十分惊人。

琵琶在每个历史时期都是一件很重要的乐器，在漫长的发展过程中，琵琶演奏出现了很多派别，大体分为北派和南派，南派发展得更为兴盛，南派又分为江苏无锡派、江苏崇明派、浙江平湖派、上海浦东派、上海汪昱庭派等。

琵琶的历史悠久，深受人们的喜爱，是中国民族器乐中十分重要的独奏乐器，所以它有大量保留至今仍在演奏的古曲，这些曲目分类有多种方法，一般分为武曲、文曲、大曲。武曲往往结构比较庞大，注重表现具体的情节，其特点是叙事与写实；文曲比较抒情细腻，注重内心感情的刻画，常常运用琵琶特有的推、拉、揉、吟等手法来展示优美的音调和美好的意境；大曲综合了文曲和武曲的优点，用来表现活泼、清新、向上的内容，表现手法十分自由。

属于武曲的曲目有《十面埋伏》《霸王卸甲》《海青拿天鹅》等；属于文曲的曲目有《夕阳箫鼓》《月儿高》《塞上曲》等；属于大曲的曲目有《阳春古曲》《普庵咒》《水龙吟》等。现代琵琶曲目创作的数量也很多，有些作品也非常成功，已经成为家喻户晓的精品，如《舞族舞曲》《赶花会》《狼牙山五壮士》《浏阳河》及琵琶协奏曲《草原小姐妹》等（图4-3）。

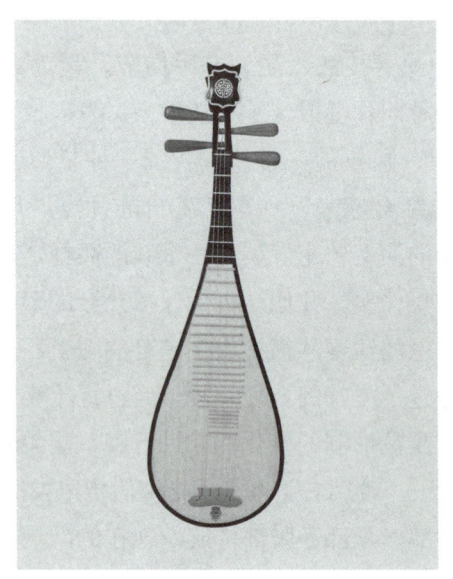

图 4-3

4. 二胡

二胡因使用两根弦而得名，流传至今有1 200多年的历史（图4-4）。二胡由琴筒、蟒皮、琴杆、弦轴、琴弦、千斤、琴马及琴弓等组成，二胡的琴筒是木制的，有紫樟木、乌木、红木等；筒侧用蟒皮封住。以纯五度定弦，音域可达三个八度。二胡是一种擅长抒情的乐器，有着丰富的表现力。它的低音区饱满有力，中音区柔和清亮，高音区清晰刚健。

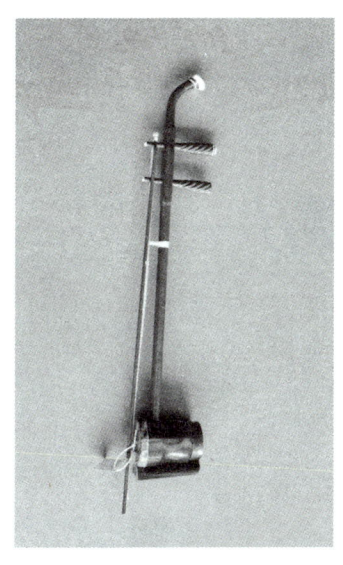

图 4-4

二胡虽然是古老的乐器，但很少有古代流传下来的乐曲。杰出的音乐家、革新家刘天华和民间音乐家华彦钧对二胡艺术的发展做出了重大贡献。新中国成立后，许多作曲家对二胡艺术产生了浓厚的兴趣，创作出大量表现现实生活内容的优秀曲目，使二胡艺术得到飞速发展，也使得二胡这个乐器成为中国民族乐器中非常重要的独奏乐器。其代表性乐曲有《二泉映月》《听松》《病中吟》《光明行》《良宵》《空山鸟语》《烛影摇红》《江河水》《赛马》《扬鞭催马运粮忙》《战马奔腾》《豫北叙事曲》《长城随想曲》《火祭》《长恨歌》《秋之韵》《雪山塑魂》等。

上述这些乐器不仅是中国古典舞音乐常用的主奏乐器，而且这些乐器有相当数量代表性曲目被古典舞直接引用，成为古典舞的经典之作，如《扇舞丹青》《二泉映月》《新婚别》《江河水》等。古典舞在使用中国民族乐器的范围还是比较广的，除上述乐器外，如管子、埙等一些音色独特的乐器，也是古典舞音乐较爱使用的乐器。

中国古典舞音乐所呈现出来的形式美及审美追求，与中国传统文化相一致，特别是在节奏上特点十分突出，与西方的强弱相间、有规律匀速的、脉动式音乐内在的节拍重音有所不同，古典舞的节奏常常表现为弹性和点线结合的特点，这一特点是与中国音乐的特点分不开的。演奏中国乐器的时候，演奏者常常会根据自己的理解，根据感情的需要，打破均匀的节奏，在某些音上抻拉其速度，以凸显要表现的情感内容。古典舞音乐本身附点、切分音用得较多，这些音乐特点在舞蹈上表现为抻赶、赶抻，或是两头抻中间赶，或是两头赶中间抻，或是紧打慢舞，或是慢打紧舞等。

读书笔记

这些音乐与舞蹈动作走向的内在节奏一致，从而产生独特的动作特点和韵律感，恰当地表达真切的思想感情从而体现中国古典舞的特色。

知识链接

《踏歌》

《踏歌》在首届中国舞蹈"荷花奖"比赛中荣获作品金奖、表演银奖。舞蹈从汉魏时代的图像、诗赋音乐等艺术形式中汲取营养，从中国舞蹈历史文化中挖掘信息，创作出具有中国古代女乐舞蹈典型形态特征及神韵的舞蹈，其艺术价值和历史意义是不可估量的，是中国汉唐舞的经典之作。

一些历史文献中记载了"踏歌"这个乐舞的名字、题材、形式和内容，因为没有传承下来实际的舞蹈作品，后人只能通过自己的想象，借助文物古迹资料，根据古代文献的各种信息，参考一些其他艺术形式，重新创作具有古典风范的舞蹈。《踏歌》就是这种创作实践的成功作品。"踏歌"原本是一种乐舞相融自娱自乐的民间歌舞形式，早在2 000多年前的汉代就已广泛流传。

古籍中有关踏歌的记载内容很多。远在汉江东都尉伶玄《赵飞燕外传》就有记载："时十月五日，宫中故事，上灵安庙，是日吹埙击鼓，连臂踏地，歌《赤凤来》曲。"到了唐代更是风靡盛行。《旧唐书·睿宗纪》上元灯节的踏歌："二年春正月上元日夜，上皇御安福门观灯，出内人联袂踏歌，纵百僚观之，一夜方罢。"初唐张鷟《朝野佥载》卷三中描写道："玄宗先天二年正月十五、十六夜，于京师安福门外作灯轮，高二十丈，衣以锦绮，饰以金玉，燃五万盏灯，簇之如花树。宫女千数，衣罗绮，曳锦绣，耀珠翠，施香粉。一花冠、一巾帔皆万钱，装束一妓女皆至三百贯。妙简长安、万年少女妇千余人，衣服、花钗、媚子亦称是，于灯轮下踏歌三日夜，欢乐之极，未始有之。"宋欧阳修所著《新唐书·礼乐志》记载："大中初，太常乐工五千余人，俗乐一千五百余人。宣宗每宴群臣，备百戏，帝制新曲，教女伶数十百人，衣珠翠缇绣，联袂而歌，其乐有《播皇猷》之曲。舞者高冠方履，褒衣博带，趋走俯仰，中于规矩。又有《葱岭西曲》，士女踏歌为队，其词言葱岭之民乐河、湟故地归唐也。"踏歌经历了从民间到宫廷，从宫廷再回到民间的过程。

在古代也有一些文人诗句有关于"踏歌"的内容，反映了"踏歌"在当时人们生活中的情景。

《踏歌行》

唐·刘禹锡

春江月出大堤平，堤上女郎联袂行。
唱尽新词欢不见，红霞影树鹧鸪鸣。
新词宛转递相传，振袖倾鬟风露前。
月落乌啼云雨散，游童陌上拾花钿。

《那曲》

唐·刘禹锡

杨柳郁青青，竹枝无限情。
周郎一回顾，听唱纥那声。
踏曲兴无穷，调同词不同。
愿郎千万寿，长作主人翁。

《竹枝词》

唐·刘禹锡

杨柳青青江水平，闻郎江上踏歌声。
东边日出西边雨，道是无晴却有晴。

《赠汪伦》

唐李白

李白乘舟将欲行，忽闻岸上踏歌声。
桃花潭水深千尺，不及汪伦送我情。

（素材来源：中国舞蹈网）

视频：《踏歌》

第四节　中国古典舞身韵的体现

一、中国古典舞表演中的画圆艺术

中国古典舞表演中的很多姿态及运动的路线都呈现出画圆的艺术特征。虽然运动的路线有所差别，常见的有弧形、8字形或者是多个圆相互衔接的形状，但是整体来看都是身体的回旋，突出了其画圆的特征。以前，人们认为所有的运动过程都是周而复始、不断往复的，所以说"圆"是我国古代时期人们对宇宙规律的认识。古典舞就很好地体现了这一点，即古典舞表演中需要按照从起始位置出发最终回到这一点的规律。这样的规律体现了两个对立的面，也正是对道家"阴阳合一"理念的体现。

中国古典舞身韵中的拧、倾姿态是表演过程中经常见到的动作呈现，通常有下面两类：一种是"身过头留"，如云手；另一种是"头过身留"，如老鹰漩涡转。不管是何种转动，都完美诠释了矛盾的对立和统一。画圆的艺术在我国的传统哲学上早就已经有明证，是古典舞特有的审美特征，在不断变换的过程中又体现了对立统一，让欣赏者从视觉上感受到这种对立统一的协调之美。

二、中国古典舞表演中的形神兼备

古典舞中的"形"是人们看到的舞者的动作姿态等，而"神"是通过形透视出的更深层的意念，它代表着剧目中深沉的思想内涵和丰富的情感，是古典舞表演的最终表达，对舞蹈动作起到指引的作用，借助动作展示出来。换句话说，形是神的外在体现，神是形的精神指引，两者必须做到有机统一才能展示舞蹈的独特美感。

在表演过程中，所有的动作都离不开舞者通过自身的意识对肢体的操纵，而非单纯地为了动作而动作。有时候我们看到的表演给人的感觉就是虽有高水平的技巧动作，但是缺少引领动作的神，使得整个表演显得索然无味。所以说，古典舞表演不仅要求舞者能够完美地展现出动作姿态，还需要将内心的情感和意念通过动作抒发出来，展示出形态与神态的统一意念与动作的统一，从而将舞蹈的独特神韵表现得更加到位，每一个起转承合的动作都能体现其丰富的内在思想，使整个表演过程更具感染力（图4-5）。

图 4-5

三、中国古典舞表演中的刚柔相济

我国的古典舞那些有韵律的节奏，体现了刚毅与柔美的结合，动态与静态的统一。可以说，这种舞蹈体现的是柔中带刚的意蕴，以柔和为美。刚毅与柔和本身是相反的形态特点，但又不是完全相反的，也可以做到相互结合、有机统一。

古典舞表演通过对刚毅与柔和的完美结合，呈现了一刚一柔的结合之美，这也是古典舞中最基本的形态体现，展现了其身的对美感和质感的追求（图4-6）。

图 4-6

四、身韵在中国古典舞表演中的重要性

（一）使舞蹈动作的衔接更加流畅

古典舞表演需要舞者做到对其四要素——形、神、劲、律的熟练掌握和运用。在舞蹈术语中即指舞者的动作和姿态。

（1）"形"的统一融合即指动作直接的连接过渡要行云流水，从外观上让人感觉到姿势和动作的优美流畅。形代表的是外在的、肉眼可看到的，但是同时要注意这种形式背后舞者的表现能力和身韵本色。它在整个身韵中，处于最基本的环，只有将形表现好，才能向观者传达舞蹈的美。

（2）"神"主要指神韵，即在形的外表下所呈现出的气质性风格。无论在文学作品中还是舞蹈中，有神韵的作品才是好作品，没有神韵就没有灵魂，就没有艺术的感染力和表现力。如果说形是外皮，那么神韵则是身韵的内在灵魂，身韵的魅力散发需要神韵来凸显。神是舞蹈的核心，舞者要把握跳舞时内心的微妙变化，当然舞蹈动作和训练是基石。

（3）"劲"指的是力量，通常会将舞者的力量感、层次感和节奏感作为劲的重要标志。劲的发挥不同，体现在舞蹈上的力度和节奏也不同，带给观众的审美感受也是千差万别的。

（4）"律"代表的是某个符号，所有的动作都需要舞者对力量合理控制，才能完美地展现出来，这是对韵律的体现。可以说，表演者一出场的气势影响着欣赏者对整部作品的欣赏和感知。在这个过程中，劲的作用非常明显，无论是寸劲还是律动性，都能反映舞蹈的意念。

（二）加强在训练中呼吸的运用技巧

身韵训练的一项重要内容就是对提沉的练习，提沉的练习对于身韵中气息的运用有很大的作用，通过提沉的训练能够使学生改变学习舞蹈时出现上身僵硬与腰部不灵活不协调的问题，所以，提沉是训练呼吸必不可少的一个环节。

在刚开始练习提沉的时候，需要通过头和整个身体的活动，练习如何将自身的气息与肢体动作结合起来，然后在伴奏下对身体其他部位加以练习，经过一段时间的练习就可以很好地将气息的运用和动作紧密结合在一起，让动作更具感染力，展现古典舞独特的神韵。由此可见，身韵教学对于舞者掌握呼吸的运用方法具有实际意义。

（三）使人物形象更加丰富、鲜明

身韵训练的一个很重要作用，在于它能够强化人物情感上的表现功能，从而突出人物形象的塑造。优秀的舞蹈要做到对舞蹈人物形象刻画的形神兼备。在不同的作品中，人物的性格及存在的历史因素是不一样的，这就需要将舞蹈动作和人物结合起来，更好地展现人物的形。也正是由于角色的性格特征差异，他们对情感的抒发方式也有差别，要将他们的不同展现在观众的眼前，就需要通过动作姿态及韵律的差异来表现。

舞蹈作品《莲说》要体现莲花高雅脱俗的气质，舞者准确巧妙地通过自身的形体和舞蹈身法来幻化成莲花的姿态，并通过韵律、意象等方式表现出莲花的高洁品质，还需要把它孤高自赏的气质体现出来，也就是既要表现柔和的一面，又要表现刚毅的一面，体现出柔中有刚的效果。

（四）激发编舞的创作灵感

很多时候古典舞的编创都是取材于多种民间舞，并将其衔接在一起，如此很难展现出各个民族舞蹈的特色和文化内涵。身韵对这一点进行了扬弃，使得舞蹈艺术家的思想更加开阔，灵感也更加丰富，促进了古典舞的进一步发展。表演者不仅运用了原来的传统舞蹈动作，还将自己的潜力激发出来，在舞蹈中运用新的舞蹈动作，使作品中的形象更为逼真、明晰地呈现。

身韵在中国古典舞表演中是无可替代的，身韵的出现促进了古典舞从戏曲舞蹈中脱离出来，成为具有独特艺术特色的舞蹈类型。古典舞中的身韵不仅能够使舞蹈表演中的动作衔接更加流畅，还能够提高舞蹈表演中呼吸的技巧，使舞蹈表演中人物形象的塑造更加突出，还能激发舞蹈创作的灵感，是古典舞表演不可或缺的一部分。

读书笔记

第五节　中国古典舞身法术语及动作示范

一、中国古典舞身法与术语

（1）拧：即下肢固定，上身（包括腰、肋、肩、颈头）向左或有做水平的旋扭。

①横拧：中国古典舞基本形态之一。胯不动，以腰为轴，水平向左右拧动。

②倾俯拧：中国古典舞基本形态之一。胯不动，以腰为轴，拧的同时，上身从髋关节向下倾做俯势。

③倾仰拧：中国古典舞基本形态之一。胯不动，以腰为轴，拧的同时，上身从髋关节做倾势，上身从胸腔一节做翻胸。

（2）倾：指上肢向前或旁做"折"状。

（3）仰：凡是上肢向后"折"状，即"仰"。

（4）平圆：无论是手的局部动作或是整个上肢动作，运动时要如"磨盘"状，展现在观众面前的是一个面的圆线运动。

（5）立圆：它的运动轨迹如同"车轮"状，即展开在面前的是一个竖面的圆线运动。

（6）八字圆：又称"风火轮"，指肩部或双臂同时进行相反方向的两个圆线运动，形成"前后"或"左右"两个车轮式的圆线运动。

（7）点：从动作的外部而言，是指动作中的突出的强拍或瞬间的停顿。从神韵及内涵而言，是指呼吸中瞬间的闭气，"提沉"中起伏的强弱；眼神运用时动幻中的凝聚；身法变换中意念的闪动。

（8）线：从动作的外部而言，是指运动遵循的路线。从神韵及内涵而言，是指运动全过程中内在意识的旋律感。

（9）动律：指经过对一切动作分析、概括、提炼，使之成为不同于某一具体或完整动作的，具有概括性质的"元素"。

（10）元素：指提、沉、冲、靠、含、腆、移、庞提，这些由心意带动呼吸，又由呼吸支配腰部而体现出来的基本势态。

（11）坐：中国古典舞训练基本姿态，臀部全着地，双腿盘于身前，开胯，后背自然垂直，肩胸放松，眼平视，手腕搭于膝上，双肘放松，也可双手背于身后，肘尖下垂。

（12）沉：中国古典舞训练基本姿态，在"坐"的姿态上通过呼气使气息下沉，感觉气沉丹田，以沉气之力带动腰椎从自然垂直状一节一节下压而形成胸微含，身微弯状，在此过程中眼皮随着沉气而徐徐放松。

（13）提：中国古典舞训练基本姿态，在"沉"的基础上深吸气，感觉气由丹田提至胸腔，同时以胸之力带动腰椎由微弯状一节一节直立，感觉头部顶向虚空，提至胸腔之气不能静止憋住，随着"头顶虚空"的感觉向上延伸，同时，眼皮也向微松状逐渐张开，瞳孔以气之力放神。

旁提是中国古典舞的基本姿态。在"沉"往上"提"的过程中，身体由下经"移"往上的上身弧线运动，形象犹如一轮弯月和满风的船帆。

（14）冲：中国古典舞训练基本姿态，在"沉"的过程中用肩的外侧和胸大肌向 8 点或 14 点水平移斜，肩与地面要保持平行线，切忌上身向前倾倒，头部的配合或与肩相反，或向右转呈后看状。

（15）靠："靠"和"冲"是相反的不可割裂的一对动律，首先"提"，然后在"沉"的过程中用后肩部及后肋侧带动上身向 4 点或 6 点"靠"出，感觉前肋往里收，后背侧肌拉长，肩与地面保持水平拉出，无向后躺倒感。身如向右靠头则向左转，眼平视放神，头及颈部略向下梗，无上仰状。

（16）含：中国古典舞基本姿态。过程与"沉"一样，但加强胸腔的含收，双肩向里合挤，腰椎形成弓状，空腰低头。

（17）腆：中国古典舞基本姿态。是与"含"相反的运动。在提的过程中，双肩向后掰，胸尽量前探，头微仰，使上身的肩胸完全舒展开。

（18）移：中国古典舞基本姿态。肩部在腰的发力下向左或右的正旁移动，与地面成横的水平运动。现经"提"，在"沉"的过程中，以腰发力，用肩带动向旁拉长肋肌，头与运动方向相反。

（19）正步：中国古典舞基训脚的位置之一。两脚靠紧，脚尖朝正前，身体与面部均朝正前，重心在两脚。

（20）丁字步：中国古典舞基训脚的位置之一。丁字步又有左右之分，以左为例，左脚跟靠紧右脚窝，两脚呈"丁"字，两脚尖朝前斜角，重心在两脚。做把杆动作时身体和头可对正前，在中间是要求身体稍向右前侧摆，头朝左前侧偏。站右丁字步时，做法相同但方向相反，又有前脚尖朝正旁者称为横丁字步。

（21）小八字步：中国古典舞基训脚的位置之一。两脚跟相靠，脚尖朝前方两斜角，身体与面部均朝正前。重心在两脚。

（22）大八字步：中国古典舞基训脚的位置之一。两脚跟间距离横的一脚半，脚尖对前方两斜角，其余同小八字步，重心在两腿中间。

（23）踏步：中国古典舞基训脚的位置之一。这种较丰富姿态性的动作具有多种规格。以左为例：左脚尖向前，右脚撤至左脚后旁，以小趾虚踏于前脚左后方，后脚尖与前脚跟成一横线，前腿伸直，后腿膝稍弯，前膝盖内侧和右膝盖相靠，重心在前脚，后脚虚踏，身体微向左前倾，面朝左前侧。

（24）弓箭步：中国古典舞基训脚的位置之一，是丁字步的一种变形和发展。将丁字步的前腿向旁伸出后弯曲，后腿绷直，即前腿弓、后腿绷，弓的腿足尖向正旁，直的腿足尖向正前，弓的腿要求小腿与地面成垂直角度，大腿与小腿成稍大于 90°的钝角，重心在两腿中间，上身直

读书笔记

立，方向朝正前。双肩与腿在一平面上，不要前后突出，面部可看正前或前侧。

（25）一字步：中国古典舞基训脚的辅助位置之一。

（26）大一字步：中国古典舞基训脚的辅助位置之一。两脚跟间距离为横的脚长，脚尖向两边正旁，重心在两脚中间，身体与面部均朝正前，其余同一字步。

（27）一字步蹲：中国古典舞基训腿的动作之一。做法：在一字步的位置上，膝盖对前脚尖方向，上身保持正直往下蹲，全脚着地蹲到最大限度为半蹲，微抬脚根蹲至臀部距足跟 15 cm 左右为全蹲。

（28）大一字步蹲：中国古典舞基训腿的动作之一。在大一字步的位置上，膝盖对着脚尖方向，上身保持正直往下蹲，无论半蹲或全蹲均不可跷起脚跟，大腿和小腿弯曲的角度大于 90° 为半蹲，大腿成 180° 为全蹲。

（29）正步蹲：中国古典舞基训腿的动作之一。在正步的位置上，膝盖对着脚尖方向，上身保持正直往下蹲，不跷起脚跟的最大限度为半蹲，跷起脚跟继续到臀部接近脚跟时为全蹲。

（30）踏步蹲：中国古典舞基训腿的动作之一。丁字步准备，后退撤步成踏步，蹲时前脚尖稍向外侧方，后脚掌踏地，脚尖也朝侧方，前后脚尖在一斜线上，中间距离约一脚，重心在两腿中间，上身保持正直，后腿膝盖经前腿膝盖的后窝，在前腿外侧伸出，双腿交叉蹲下，此时双腿上部重叠，前脚始终全脚抓地，后脚用脚掌踏地，起来时重心渐移前脚，恢复踏步姿态。在运用上有半蹲与全蹲之分，半蹲成钝角，全蹲成锐角。

（31）弓箭步蹲：中国古典舞基训腿的动作之一。做法有以下四种：

①半蹲。弓箭步准备。弓的腿膝盖向脚尖方向屈，让原来和地面呈垂直的小腿尽量倾斜，以脚跟不抬的最大限度为标准，绷的腿保持绷直。

②半蹲加跷脚深蹲。完成上述半蹲后，弓的腿将脚跟跷起，继续弯曲到大腿与小腿贴上为止。

③全蹲。完成半蹲后，绷的腿向旁滑出去，使前腿的小腿与地面成垂直。

④弓箭步左右移动蹲。弓箭步准备（以左腿弓，右腿绷为例）双脚跟微跷，左腿不动成大一字步跷脚半蹲状，然后左腿转动，膝盖向前，将腿伸直，双脚脚跟落地，如此形成右腿弓，左腿绷的弓箭步，反复练习即弓箭步左右移动蹲。

（32）摆扣步：中国古典舞基训常用步法之一。强调人体在"姿态侧腰"的舞姿下，通过双脚一向外"摆"一向里"扣"，形成一种在交换移动中产生向心性的圆周步法。

（33）擦地绷腿：中国古典舞基训把杆上的练习动作之一。正步准备，动力腿保持正直，全腿用力擦地向前伸出到最大限度为止，同时脚背完全绷起，回来时由脚尖用力擦地收回。

（34）小踢腿：中国古典舞基训把杆上的练习动作之一。正步准备，以动力腿脚尖为爆发力向前或向后擦地踢起25°并突然静止，然后经原来路线恢复为正步。

（35）踢正步：中国古典舞基训腿的动作之一。正步准备，手双山膀，动力腿绷脚或勾脚向前踢起，然后落回正步，可在原地踢也可移动踢。

（36）踢旁腿：中国古典舞基训腿的动作之一。丁字步准备，手双山膀或托按掌，动力腿向正旁踢起，落回丁字步，也分绷脚踢和勾脚踢两种。

（37）踢后腿：中国古典舞基训腿的动作之一。正步准备，手双山膀，动力腿向前绷脚点地，在上身和腿保持正直的情况下，动力腿往正后方高处踢起，落正步。

（38）踢探海：中国古典舞基训腿的动作之一。踢法如踢后腿，但踢起后允许上身稍往前压，动力腿往更高处踢起，成探海舞姿。

（39）倒踢紫金冠：中国古典舞基本训练腿的动作之一。这是踢后腿的一种变形，踢法如上，手双托掌，但动力腿膝盖可稍弯曲，上身挑腰，踢的目标是用小腿肚打后脑勺，整个身体成一"元宝形"。

（40）大蹦腿：又名踢月亮门腿。中国古典舞基本训练腿的动作之一。丁字步准备，手双山膀，动力腿从十字腿方向踢起在空中做髋关节环动，经过前面，侧面从旁腿落下。整个动作如用腿画出一个"月亮门"。

（41）蹦腿转身：中国古典舞基本训练腿的动作之一。斜线或横线进行。丁字步准备，手双山膀，以踢左腿为例：左腿踢蹦腿后，落在左旁一步左右，重移过去，右脚在左脚旁交叉上一步，重心移至双腿中间，这时在左脚旁交叉上一步，重心移至双脚中间，这时上身仍向正前，然后双脚用脚掌辗转（上身随转），转四分之三圈时，重心移至右脚，在右脚继续转完四分之一圈的同时，左脚再起蹦腿，这样反复进行。

（42）踢盖腿：中国古典舞基训腿的动作之一。丁字步准备，手双山膀，动力腿从旁腿方向踢起，踢起时要用掀胯的力量然后经过前面在十字腿方向落下，落时腿成后撤步，整个动作是蹦腿的相反。

读书笔记

（43）盖腿转身：中国古典舞基训腿的动作之一。同蹁腿转身，但原来蹁的一腿改成上步，原来上步的一腿改成盖腿，重心移动及转身等要求相同。

（44）蹁盖腿转身：中国古典舞腿部动作之一，将蹁腿转身与盖腿转结合起来就成为蹁盖腿转身，这是一个踢腿的组合动作。将蹁腿转身的上步用盖腿来做就是蹁盖腿转身，方向、要求一切相同。

（45）踹燕：中国古典舞基本舞姿之一。"踹燕"二字，顾名思义就是要经过一个"踹"的过程，形成面、胸、腹、腿水平朝天的姿态。动作经由高的吸腿，再向前做90°水平躺身。同时手臂向两旁伸开，手心向上，头微梗，眼看脚尖。还原时，由胯骨处起，用立腰的劲带动整个上身直立，然后落腿。也可吸正腿伸出同时躺身。

①快踹燕：中国古典舞基本舞姿之一。这种踹燕的特点是快、脆、硬。它与普通踹燕的区别在于不是先做好正腿然后向后躺身，而是动力腿吸腿同时，主力腿微弯，上身稍向前侧，膀子在胸前准备，然后在急速间，同时做伸动力腿，直主力腿，躺上身，膀子向旁分开的动作而成踹燕。

②软踹燕：中国古典舞基本舞姿之一，是踹燕的发展，与快踹燕相反。它不是脆的和硬的，而是一种柔和的、舒展的控制动作。先是正吸腿向上伸出，越高越好；同时上身由胸和头起向后下腰（腿不落），要求头能碰到主力腿的大腿。双手在吸腿的同时在胸前交叉，伸腿踹时双手从头上分开向两边伸平，起来时，由腰开始立，然后胸，头恢复，最后落腿。

（46）旁腿躺身：中国古典舞基本舞姿之一。横丁字步准备，手山膀，动力腿指起旁腿，做到最高的高度，然后保持住旁腿和山膀的姿态，从主力腿的大腿根起到上身，头部，整个往主力腿的方向倾斜45°，手的姿态可由双山膀随旁腿躺身而变成托按掌或顺风旗式。

（47）探海：中国古典舞基本舞姿之一。直抬起的和吸腿伸出完全和后腿的动作方法一样，区别在于是否将后腿抬到最大限度，上身往下探，动力腿继续往上抬，上身和主力腿成90°为止，同时挺胸，头自然抬起，眼看前方，不要向下看。还原时，先起上身，然后带动后腿。

①深下探海：又名冲天炮。中国古典舞中探海类动作之一。在探海的基础上，动力腿继续再往上抬，同时上身往下沉，直到腹部，胸部和主力腿贴上，同时主力腿和动力腿成180°，双手在这个过程中，经交叉至胸前，然后向自后背膀子，或抱住主力腿的脚腕，头微抬起或向动力腿旁后方看。

②斜探海：中国古典舞基本舞姿之一。女性：踏步准备，手顺风旗，

动力腿（后腿）直接绷脚抬起，同射燕动力腿相同，但要求抬起更高，上身向动力腿同一方向弯旁腰，主力腿正直，头转向主力腿一边的肩，或看山膀，或往后下方看。男性：做好旁吸腿，然后上身向主力腿一边正旁倾斜25°，手双托掌或顺风旗。

③掀身探海：中国古典舞基本舞姿之一。正步准备，双山膀，成探海，保持探海姿势，动力腿将胯掀起45°，同时手成托按掌，主力腿一边向侧后方弯旁腰，同时动力腿一边尽量伸展肋筋，头向主力腿一方侧看，还可以从正步直接抬成掀身探海。也可以掖腿先伸出成后腿，然后成掀身探海；可以掖腿向上伸腿，同时成掀身探海。

（48）商羊腿：中国古典舞基本舞姿之一。丁字步准备，手顺风旗，动力腿向主力腿脚尖方向抬起至90°或更高，膝盖微弯，大腿根不动，膝盖向下压，让大腿和小腿的内侧都向上翻，要求小腿高于大腿，落时先将腿伸直，手也可在做商羊腿同时经双托掌成顺风旗。

（49）商羊腿躺身：又名商羊腿踹燕。中国古典舞基本舞姿之一。做好商羊腿，上身向外拧身，保持拧身状态后向后躺平，同时动力腿向前上方伸，手保持顺风旗。

（50）射燕：中国古典舞基本舞姿之一。站45°角的丁字步，手顺风旗。动力腿（丁字步的后腿）顺着脚跟方向将小腿抬起，脚心向上，主力腿半蹲，同时动力腿向外稍伸长，大腿根往上抬，双腿大腿内侧相靠，上身从胯处向动力腿相反的方向倾斜45°，胸向上亮，微拧腰，头看山膀边斜上方向，还原时，先直主力腿，再落动力腿，同时收手。

（51）踹燕变探海：中国古典舞舞姿转换动作之一。踹燕准备，动力腿和主力腿的动作部分和正腿、后腿的变身动作完全一样，主要是上身由踹燕状同时翻身成探海状——由仰而伏，手臂配合要像一个车轮一样的转动半圈，整个的配合就构成了这个动作的特点。

（52）探海变踹燕：中国古典舞舞姿转换动作之一。动力腿和主力腿部分与后腿、正腿的变换动作完全一样，主要是上身由探海状同时经翻身成踹燕状。

（53）朝天镫：中国古典舞基本动作之一。自己用手将一条腿架起做更高软度的控制动作，对于进一步训练腿的控制能力及软度有相当作用；同时是一种表演动作。朝天镫有正、旁、后三类。

①正朝天镫：中国古典舞基本动作之一。正步准备，动力腿吸起成前吸腿，然后用同一边的手托住脚后跟往上扳直，在腿向上伸直的过程中脚面由绷勾起，脚尖正对眉梢，和头的距离越近越好，另一手可扶把，离把

时做单山膀或托掌。

②旁朝天镫：中国古典舞基本动作之一。丁字步准备，动力腿成端腿，用同一边的手从腿的内侧伸出托住脚后跟，然后经过蹁腿伸直控制在旁腿处，脚面勾起，另一手同上。

③后朝天镫：中国古典舞基本动作之一。正步准备，动力腿成后吸腿，然后用同一边的手反抓住脚背往上搬，其中可以要求动力腿完全伸直，上身直立；也可要求动力腿弯曲，上身挑腰、挺胸、仰头，动力腿的小腿能碰到头（如倒踢紫金冠状）。

（54）端腿：中国古典舞基训腿的动作之一。单手扶把，单山膀，丁字步准备，前脚从地下就擦地，然后脚跟顺着主力腿的小腿往上端，一直端到脚跟齐裆处，小腿抬平，然后随原来路线落回，快接近地面时，脚恢复钩状落回丁字步。

（55）掖腿：中国古典舞基训腿的动作之一。丁字步准备，后腿在原地位上擦地绷脚，然后顺着主力腿小腿肚子向上抬起，抬至动力腿脚腕贴于主力腿膝盖后窝处，膝盖打开。

（56）快速跨蹁：中国古典舞动作之一。侧腿到端腿的一段距离间，要求动力腿在45°侧腿上，上腿完全不动，小腿要像刀子平削一样。另一种，动力腿控制在45°旁腿，向前做跨，向后做掖的快速练习。

（57）跨蹁和蹲起：中国古典舞基本动作之一。抬起45°或90°侧腿，动力腿往回跨腿，在跨腿的过程中，主力腿半蹲，然后在动力腿蹁腿的过程中，主力腿再伸直，这样连贯的练习，也可以蹁出后移旁腿，然后由旁腿向后成掖腿同时主力腿蹲，再由掖腿向旁腿伸出，主力腿同时伸直。

（58）老鹰展翅：中国古典舞基本动作之一。在跨掖蹲的基础上，将主力腿蹲到最大限度，动力腿的脚靠在主力腿上，保持后背挺直往下压，上身去贴动力腿，眼向动力腿一边斜后方看，手做剑指，手背对前，向后背膀子。

（59）吸腿：中国古典舞基训腿的动作之一。

①前吸腿：正步准备，手山膀，动力腿用膝盖的力量往上提起上腿，小腿弯曲，脚背绷起，小腿与大腿的弯曲约成60°。

②旁吸腿：横丁字步准备，手按掌，动作同上，要求开胯，动力腿膝盖和肩要在一个平面上。

③后吸腿：正步准备，手山膀，一种是大腿不动与主力腿并拢，小腿绷脚向后弯曲，小腿和大腿的弯曲约成90°；另一种是在上一种的基础上大腿往后抬。

（60）弹腿：中国古典舞基训腿的动作之一。

①前弹腿：正步准备，手山膀，先做好前吸腿，上腿不动，膝盖、脚背用力，小腿迅速弹出，力量干脆，弹直后要停住，然后收回吸腿，落原地。

②旁弹腿：横丁字步准备，手按掌，其他同上。

③后弹腿：这实际上是向后快伸腿，但上腿要主动往上抬，送小腿向高处伸。

④撩弹腿：中国古典舞基训腿的动作之一。与弹腿相比，撩弹腿的区别在不是先做成吸腿将上腿固定不动小腿弹出，而是在吸腿的同时小腿往上弹，所以上腿也同时发动，并借助于上腿往上的力量使小腿弹得更高、更有力。

（61）软度：舞蹈专业用语，即向前后有很大的"步"，向旁有很好的"开"。

①步：舞蹈训练术语，指两腿竖向劈开的距离，如迈一步这个"步"是很小的，搬朝天镫、踢腿的"步"就是很大的。

②开：舞蹈训练术语。指胯骨及腿向旁打开的距离，如小八字步的"开"是较小的，一字步则是全"开"的，"侧腿"是半"开"的，旁腿就是全"开"的。

（62）耗腿：中国古典舞腿的软度训练形式之一。一是面向把杆，距离为能将腿的腿根放在把杆上，正步准备，动力腿吸起，向上伸直，轻轻将脚跟放在把上，成正腿舞姿，手双山膀或叉腰；二是横向把杆（身体方向与把杆平行），丁字步准备，动力腿经吸腿伸出或端腿踹出成旁腿，把脚跟放在把上；三是面背把杆，正步准备，动力腿经吸腿伸直将脚背放在把杆上，成后腿舞姿，手双山膀。

（63）压腿：中国古典舞腿的软度训练形式之一。一是耗正腿准备，手顺风旗或双托掌，整个上身保持正直往下压，感觉是用小腹去贴上腿；二是耗旁腿准备，手托按掌，上身从胯骨以上保持正直向正旁压下去，要求肩和身体的外侧与腿相贴；三是耗后腿准备，手双山膀或双托掌，或主力腿不动，上身从肩开始往后压腿，要求尽量贴近。

（64）劈叉：中国古典舞腿的软度训练形式之一。一是双手扶把，面对把杆弓箭步准备，将后腿顺着原来方向向后滑伸出去（用脚的内侧擦地），然后前腿勾起脚面（以脚跟着地）随着后腿向后伸，慢慢将腿伸直，一直将双腿伸直到贴平地面，这时前脚尖向上，后脚尖向旁，起来时双手稍用力扶把，往下按，梗脖子，立腰，往上提，双腿同时往回夹，跳起成小八字步全蹲样；二是双手扶把，面对把杆，小八字步准备，往下全

读书笔记

蹲，然后将上身往上提起，这时双腿同时向前后伸直成劈叉，起来的方法同上；三是出前腿落叉结合朝天镫来做（做法见朝天镫条）；四是正身的劈直叉准备，前腿不动，然后将后腿原来向压的胯、膝盖、足尖都向上转动，变成和前腿一样的足尖向上，这就是将整个裆和胯横打开来的横叉，然后原来的前腿再将脚尖、膝盖、胯转向下，另一腿不动，成反面的直叉，用这种左右移动的办法来练习横叉。

（65）下腰：下腰可分为以下几类。

①向前下腰：中国古典舞腰的软度训练内容之一。正步准备，单手扶把，手由单山膀变托掌，整个上身（胯以上）向前弯曲，胸部主动往下压，弯到上身与腿贴到一起为止。弯的时候整个上身始终保持预备时的姿态，手随身体下去。保持托掌位置，双腿始终直立，然后上身保持原状立直，落手还原。

②向后下腰：中国古典舞腰的软度训练内容之一。正步准备，单山膀成托掌，单手扶把，眼看托掌手的手指，从肩、胸、腰一节一节向后弯曲，让头去找臀部，越靠近越好，头不能放松，要保持自然，然后保持原姿势从下往上一节一节地起，起时要收腹，一直到直立还原。

③向旁下腰：中国古典舞腰的软度训练内容之一。脚站较小的大八字准备，单手扶把，手叉腰，右手托掌，胯不动上身向左旁下腰，下时人先往上提收腹，两肩及胯始终正对前方，肩与腿在一个平面上，下到最深度，然后还原头可看前，也可看前斜下方，边起边还原。

④单腿重心向前下腰：中国古典舞腰的前屈训练内容之一。正步准备（以左脚掌中心为例）手托掌，右脚向前绷脚擦出，同时主力腿半蹲，右脚继续向前擦到最大限度，臀部对着脚跟，然后向前下腰，手随下后仍保持托掌。还有一种是不弯动力腿膝盖的，做法大致相同，不同点在主力腿一直是在直立的状况下的下前腰，身体去贴前腿，然后起上身，右腿收回。

⑤单腿重心向后下腰：中国古典舞腰的后屈训练内容之一。正步准备，手托掌，右腿向前绷脚擦出，眼睛看手往右下腰（方法同双腿右下腰），原路起来，收腿，收手。

⑥单腿跪下腰：中国古典舞腰的训练动作之一。正步准备，手托掌（有动力腿弯曲和伸直两种做法）。其一：跪一膝，膝与前脚跟成一直线，小腿与上腿对齐，绷脚，前腿屈膝成90°，向前下腰时，用胸去碰前腿，向右下腰时用头去找臀部，手在下腰过程中一直保持托掌，然后直起并把重心移在前腿站起，收后腿成正步，落手。其二，直起时先收回前腿成

90°，然后重心移至前腿站起，收腿，落手。

（66）耗腰：中国古典舞腰的韧力训练内容之一。正步准备，头向旁看或前看，全身往上提，收腹提臀，然后从肩起一节一节向后下，腰、胸向上挑，头始终保持预备时的状态，膝直，然后由下往上一节一节地起。

（67）担腰：中国古典舞腰的扭曲训练内容之一。正步与肩宽准备，手做双托掌位，手心向上，用这种姿态向后下腰，然后腰起成90°，再去碰臀部，反复动作。

（68）踏步拧腰：中国古典舞腰的扭曲训练内容之一。右脚从左脚前交叉过去，两脚外缘平行靠住，手叉腰或按掌、托掌准备，在以上准备姿态上，胯不动，上身直立向右后拧，至最大限度为止（如向左拧则左脚在前）。

（69）姿态斜腰：中国古典舞小舞姿动作之一。（以右为例）：右丁字步准备，单山膀，右脚顺着主力腿脚尖的方向，直绷脚擦出，脚尖点地，同时左脚半蹲，右手经下方撩起（或用剑指手从腋下画一小圈向右斜方刺出），停于右斜上方，在撩手同时，整个上身平板地往后躺，收腹肌，从胯以上整个尽力往外拧，使手、上身和右腿成一斜线，重心始终在半蹲的一条腿上。

（70）吸腿拧身侧下腰：中国古典舞腰的扭曲训练之一。正步准备，单手扶把，单山膀，右腿直接吸气成正吸腿，尽量往上吸起，同时手由上盖下成按掌（不是在胸前，而是对着左肩，手形稍立），然后胯不动，上身探腰向右侧方下侧腰，头看斜下远方。

（71）紫金冠下腰：中国古典舞难度较大的带过渡舞姿的腰训练动作之一。正步准备，右腿成后钝角吸腿，手成托掌向后下腰，腿从大腿跟起也主动想上去碰头，两头往一起凑，眼看手尖，与脚越近越好（最好是动力腿碰着后脑勺），然后按原路落下。

（72）撩弹腿下腰：中国古典舞难度较大的带过渡舞姿的腰训练动作之一。正步准备，单手扶把，单山膀，向前做撩弹腿，当撩到最高处，往下落的同时，腰利用反作用的力量向后弯腰（和腿落下是同时），然后在腿收回正步的同时上身直起，手在腿往上撩起时，可能分掌，在做下腰时，手可随腰松弛的垂直落下，手心向上在上身直起同时又变成山膀。

（73）涮腰：中国古典舞环形腰的训练内容之一。大八字步准备，右山膀按掌（以左涮腰为例），以腰为轴心，整个上身做前旁后旁的圆圈运

读书笔记

动，向前下腰同时双臂下垂，身不经直立直接变成左旁腰，同时手成左顺风旗，再变成后腰，双手伸直，手心向后，再变后又旁腰，手成左顺风旗，然后经过向前弯腰，立直成准备状。

①单腿重心涮腰：中国古典舞环形腰的训练内容之一。正步准备（以右为例），右脚擦地前出，右旁，后、左旁的涮腰动作，然后还原，右脚收回，还可做向前下腰，是主力腿成半蹲到旁腰的同时主力腿再直起的一种。

②单腿跪涮腰：中国古典舞环形腰的训练内容之一。其跪腿的方法有直腿、弯腿二种，同跪下腰。正步准备，左膝后撤跪下（做法同跪下腰），腰做涮腰动作然后立起，还原。

③弓箭步涮腰：中国古典舞环形腰的训练内容之一。丁字步，右山膀按掌准备，先成左弓箭步，当腰由前到右旁的同时，腿经弓箭步移动由左边变成右弓箭步，当腰由右旁经后到左旁时，腿经膝直再移动变成左弓箭步，然后收成丁字步，手还原。（收的方向同弓箭步，手的配合同涮腰。）

（74）双腿重心转：中国古典舞舞姿转换方法之一。一是踏步半蹲准备，直起同时双腿用脚掌向里或向外转半圈或一圈；二是双腿直交叉准备，用脚掌转一圈后落脚跟变成踏步半蹲。这两种做法的手可做双撩掌，上身始终是直立的。

（75）辗转：中国古典舞慢速转动作之一。动力腿做成舞姿，用主力腿脚跟推地稍垫起，脚掌在原地为轴心向一个方向旋转，整个身体成为一个固定体，随着主力腿的转动而转动，每辗一步，脚跟落第一次，辗步可大可小。

辗转有下列五种基本姿态：

①在正腿舞姿上手可做双山膀，分向里向外转两种；

②在旁腿舞姿上手可做双山膀，分向里向外转两种；

③在后腿和探海舞姿上两手做双山膀（手可做掌和剑指两种），分向里向外转两种；

④在商羊腿舞姿上两手可做顺风旗，分向里向外转两种；

⑤斜探海舞姿上手可做顺风旗（剑指），分向里向外转两种。

二、中国古典舞动作示范

1. 掌

女：兰花掌。动作：大拇指与中指指节微贴，使虎口自然与手掌合拢，形成以中指为主要用力点，带动其余 3 指指尖上翘的形态，如图 4-7 所示。

男：虎口掌。动作：虎口撑开，四指自然而松弛地并拢，用力意识集中在指尖，形成指尖微向上翘，手掌成涡形的形态，如图 4-8 所示。

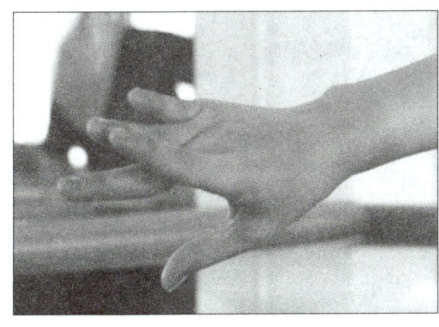
图 4-7

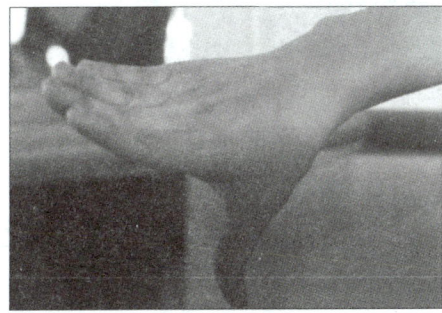
图 4-8

2. 指

（1）女：兰花指。动作：大拇指与中指松弛地相搭连，形成 O 形，同时，食指伸出上翘，其余两指松弛地与中指并拢，形成秀丽的指形，是为兰花指，如图 4-9 所示。

（2）男：剑指。动作：食指与中指并拢且挺直，力贯指根、指尖，并以折腕之力使指上翘，其余三指，以拇指与无名指虚搭紧挨为形，是为剑指，如图 4-10 所示。

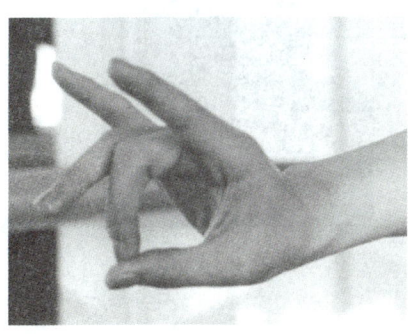
图 4-9

图 4-10

3. 拳形

（1）女：拇指与食指相搭贴，食指与其余三指依次相握，形成拳形，如图 4-11 所示。

（2）男：自食指起的四指合拢握紧，大拇指贴在食指上，手腕微向里扣，形成拳形，如图 4-12 所示。

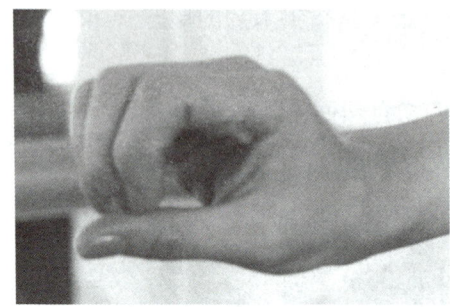

图 4-11

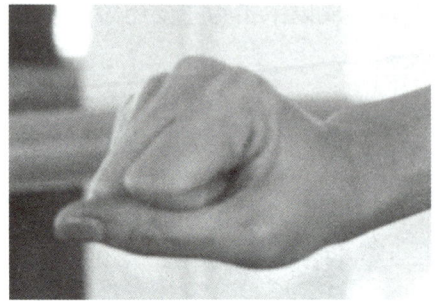

图 4-12

4. 按掌

动作：以女兰花掌、男虎口掌之形，将手臂放置于胸腹之间的位置，成圆弧形、沉肘，是为按掌，如图 4-13 所示。

5. 托掌

动作：男、女各以虎口掌和兰花掌之形，将手臂向上撑直成圆弧形置于额头前上方，是为托掌。防止动作成型时折腕，如图 4-14 所示。

图 4-13

图 4-14

6. 膀臂练习

（1）单山膀：以兰花掌形将手臂成圆弧形抬至身旁，位置略低于肩部，是为单山膀，如图 4-15 所示。

（2）双山膀：以虎口掌形将双臂成圆弧形抬至身旁，位置略低于肩部，是为双山膀，如图 4-16 所示。

（3）顺风旗。动作：小踏步，左手拉山膀同时，右手直接向上撩至托掌位，眼随右手亮相于八位手上方，如图 4-17 所示。

（4）大步摊扬掌，如图 4-18 所示。

图 4-15   图 4-16

图 4-17   图 4-18

（5）踏步蹲冲掌（女），如图 4-19 所示。

（6）弓箭步拧身冲掌（男），如图 4-20 所示。

图 4-19   图 4-20

以上动作，是中国古典舞教学中的常见舞姿，它们均是步位、手位、手形相互结合的结果。

视频：古典舞手位

视频：古典舞臂膀练习

视频：知否知否

思政微课堂

革命岁月家国情怀

革命红色题材是中国文化艺术中不可或缺且有着特殊意义的一个部分，是在文学、影视与艺术作品中占据了极大比重的内容。近年来，舞蹈艺术中此类题材作品也层出不穷。没有语言和文字，舞蹈以其独有的动作语汇来描绘故事、表现人物和抒发情感。这些剧目在丰富舞蹈作品题材与内容的同时，以纯粹的身体语言形式打动观众，同时表现出当代舞蹈人心中独有的情怀。

【点评】

红色是革命的颜色，是人民心中最绚丽的颜色，它代表的意义是多重且厚重的。拥有家国情怀的作品，最能感召中华儿女团结奋斗。红色题材舞蹈作品要想通过肢体语言讲述得更加细腻动人，就要有对舞蹈创作精益求精的追求。唯有如此，才能使舞蹈作品具有较高的艺术水准，进而推动红色题材舞蹈创作全面发展。

 **本章小结**

本章介绍了中国"礼乐"文化的源流及底蕴，阐述了"礼乐"文化在古典舞中的积极作用，并对儒家"礼乐"思想进行了解析，追溯了"礼乐"文化在古典舞中的具体体现；分析了中国古典舞的组成要素及特点，同时介绍了中国古典舞音乐的特点，这其中包括音节与旋律及古典乐器的特点。并通过中国古典舞身法及手位组合示范的学习，要求学生较准确熟练地运用古典舞的风格特点，提高舞蹈动作的表现力。

 **实训任务**

1. 练习中国古典舞手位组合，注意古典舞的风格特征。
2. 观看一个中国古典舞，并说出其表现的思想情感。

思考题

1. 简述当代中国古典舞的概念。
2. 中国古典舞有哪些特点？
3. 中国古典舞的发展历程共经历了哪几个时期？

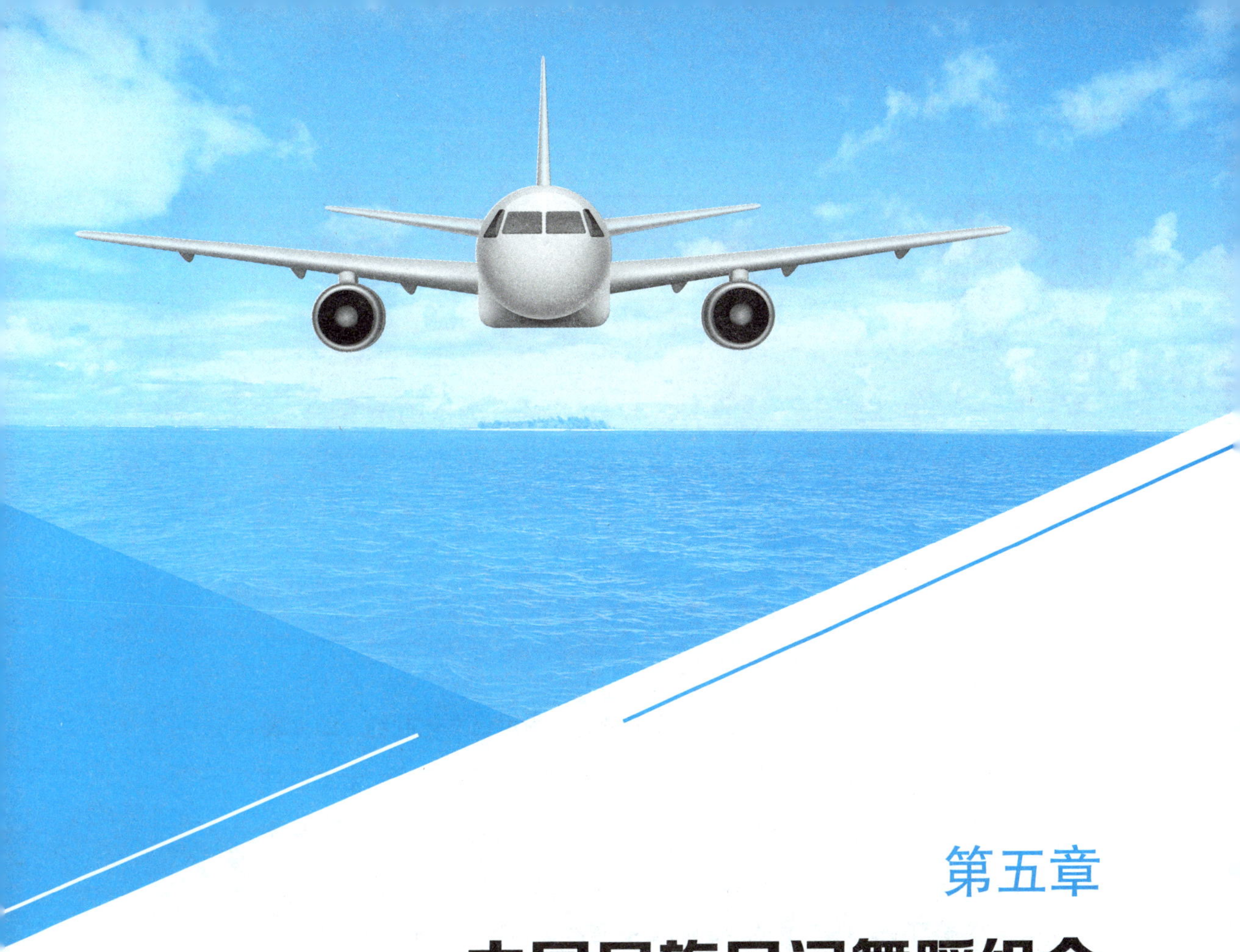

第五章

中国民族民间舞蹈组合

知识目标

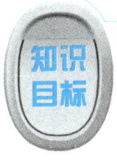

1. 了解各民族舞的相关知识和特点。
2. 掌握各民族舞的动作要点及训练方法。
3. 掌握各民族舞训练需遵循的原则。

技能目标

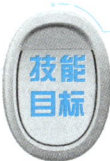

1. 使身体的各个部位都能够做到舒展自然。
2. 达到在动静结合的美态中展现肢体灵活性和柔韧性。

素养目标

1. 培养学生的民族自豪感和爱国主义精神。
2. 激励学生坚定理想信念和顽强拼搏精神。
3. 培养学生正确面对困难和克服困难的意志力。

民族舞是指产生并流传于民间、受民俗文化制约、即兴表演但风格相对稳定、以自娱为主要功能的舞蹈形式。学生通过对身体的灵活运用与身心协调配合的个性美进行挖掘,让身体的各个部分能够松弛自如地展现,在新颖多彩的民族舞蹈形态学习中,塑造鲜明生动而富有感染力的艺术个性形象,不断强化自我的创新能力与活力。通过学习各民族舞蹈的表演组合,学生的情感表现力及审美能力得到全面提高;通过科学系统的民族舞教学训练,使学生达到实现增添魅力、培养自信、磨炼毅力的目的。

第一节　中国少数民族的概况及其舞蹈特点

形体舞蹈动作并不十分复杂，在练习中要注意肢体线条的美感，重在培养学生的气质。要通过我国传统的民族民间舞蹈训练，不断改善学生的形体气质和综合素质，提升自信乐观的心态，同时进一步深入了解祖国的传统文化精髓。

一、傣族舞蹈

（一）傣族概况

傣族人主要聚居在我国云南省西双版纳傣族自治州、德宏傣族景颇族自治州及耿马和孟连两个自治县，其余散居在景东、景谷、普洱、澜沧、新平、元江、金平等30多个县。傣族是世界上最早的稻作民族之一，傣族视孔雀、大象为吉祥物，民间故事丰富多彩，傣族人民喜欢依水而居，爱洁净、常沐浴、妇女爱洗发，故有"水的民族"的美称。

傣族人民生活在亚热带地区，由于天气湿热，又生活在"宁静的田园"中，人们不喜欢激烈的活动，所以舞蹈动作较为平稳，仪态安详，跳跃动作较少。傣族舞蹈是傣族人民表达情感的一种特色舞蹈，分为自娱性舞蹈、表演性舞蹈、祭祀性舞蹈、武术性舞蹈等类别，大多婀娜多姿、节奏缓慢，也有的轻快明朗，风格独具特色，尽显中国女子身体的曲线美。

（二）傣族舞蹈的特点

傣族舞蹈种类繁多，其中，孔雀舞是人们最喜爱、最熟悉的，也是变化和发展幅度最大的舞蹈之一。每年的节日和迎接新年时，傣族人都要表演孔雀舞。孔雀舞是傣族古老的民间舞，流行于整个傣族地区，以瑞丽市和耿马县的孔雀舞为代表，舞蹈模仿孔雀飞跑下山、漫步森林、饮泉戏水、追逐嬉戏、拖翅、抖翅、展翅、登枝、歇枝、开屏等，跳出了丰富多彩的舞蹈动作和富于雕塑性的舞姿造型。其节奏大多为2/4拍连绵不断的节奏型，舞蹈基本动律多为腿保持半蹲状态，重拍向下，双膝在弯曲中屈伸、动作，以屈伸带动身体颤动和左右轻摆；脚多为后踢，踢起时快而有力，落地时轻而稳，这种律动不仅模拟孔雀行走时的步态，还颇像大象在森林中的漫步，具有内在、含蓄、健稳的力量美。

读书笔记

读书笔记

（三）傣族舞蹈的动作要领

"三道弯"是傣族舞蹈中最为经典的特征。身体的"三道弯"是指立起来的脚掌到弯曲的膝部、膝部弯曲到胯部、胯部弯曲到上身；手臂"三道弯"是指指尖弯曲到手腕、手腕弯曲到肘、肘弯曲到臂；腿部"三道弯"是指脚掌弯曲到脚跟、脚跟弯曲到膝部、膝部弯曲至胯部。

傣族舞蹈有严格的程式和要求，有固定的步法和地位，每个动作都有固定的鼓语伴奏。为傣族舞蹈伴奏的重要乐器是"象脚鼓"，傣族从3、4岁的幼儿到古稀老人，没有不会击打象脚鼓的。象脚鼓的高级演奏者，不单纯是打鼓的乐师，同时必定是优秀的舞者。进行傣族舞的训练，可以掌握东方形体的曲线与线条美，加强身段与肢体动作的柔美感。

知识链接

孔雀舞

孔雀是傣族地区最具代表性的动物之一，孔雀舞也是最具代表性的傣族舞蹈之一。由于气候及自然条件关系，傣族地区孔雀较多，傣族人民很早就有饲养孔雀的习惯。傣族人民认为孔雀美丽、善良、智慧，是吉祥的象征，对它怀有崇敬的感情。傣族常把孔雀作为民族精神的象征，并用跳孔雀舞来表达自己的愿望和理想，歌颂美好的生活。

孔雀舞的动作优美典雅、柔韧而又轻盈敏捷，其具有以下几个特点：

（1）表现在膝部柔韧的起伏。这是傣族民间舞蹈的共同特点，也是孔雀舞的特点，在变化万千的动作过程中，膝部始终是带韧性的起伏，但这种起伏又不是机械的平均起伏，而是随着内在和外在的感情变化而变化的。如主力腿立直时稍快，而下蹲时期稍慢，在膝部稍直和半蹲的起伏中是带韧性的。这样，使孔雀舞显得非常优美典雅。

（2）孔雀舞的特点还通过手臂、手腕、手指柔软刚韧的运用而表现出来，上述三个部位的动作柔软而不松软，具有刚韧的内在力量。手上每个舞姿的变化柔软而刚韧。这样的动作韵律，将孔雀温顺、善良、稳重的性格牲表现得十分完美。

（3）孔雀舞的特点还通过小腿动作的快速、敏捷、眼睛的灵活运用而充分表现出来。

（4）孔雀舞以表演者的身体各部位组成优美典雅的三道弯造型。例如：右五位侧提腕立掌手，加左勾脚旁披腿，那弯曲的膝部、肘部、提起的腕部，送出的胯部，稍弯的腰部，微倒的头部等，这种别具一格的曲线形图案，再现了孔雀窈窕的体态。孔雀舞三道弯的造型与其他民间舞稍有区别，一般送出的胯部与倾斜的上身方向是相反地，关部多用顺倒，即倒向上身倾斜的方向。

（素材来源：中国舞蹈网）

视频：傣族舞蹈欣赏

二、藏族舞蹈

（一）藏族民族概况

藏族人口较多，是青藏高原的原住民，在我国境内主要分布在西藏自治区、青海省、四川省西部，云南省迪庆、甘肃省甘南等地区。藏族舞蹈文化源远流长，并与汉族舞蹈文化相互交流，也与周边民族和国家的舞蹈文化相互影响，形成了独具特色的舞蹈文化，较常见的藏族舞蹈有弦子、锅庄、踢踏等。藏族舞蹈发展至今，已然成为我国民族民间舞蹈中极为杰出、极具民族特色的民间舞蹈之一，深受广大舞蹈爱好者的喜爱。

因藏族生活地域的差异、他们与周边其他民族的交往，而在相同类别的文化现象中，形成了诸多形式不一、风格各异的礼仪和歌舞。特别是在藏族的民间节日中，希冀丰收与欢度"望果节"，是辛劳了大半年后人们的最大期盼和喜悦，藏语中"望果节"的"望"字，意为"田地"，"果"为"转圆圈"，"望果节"的整个意思便是"围绕丰收的田野歌舞"。

（二）藏族舞蹈的特点

藏族舞蹈是一种劳动歌舞。在藏族民族历史孕育下的若干节日中，总是以歌舞敬奉神灵和欢娱民众、借以把节日欢乐气氛推向最高潮，后来增加了上肢动作、原地旋转和队形变换，成为一种男女交替、载歌载舞的劳动歌舞形式。这种劳动歌舞在今天被搬上了舞台，成为历史上劳动艺术的纪念。

藏族歌舞主要有以下四种形式：

（1）堆谐，汉语称"踢踏舞"是藏族丰富多彩的歌舞形式之一。

（2）果谐，意思是"围着圈的歌舞"，是藏族牧民所喜闻乐见的一种古老的、群众自娱性较强的集体歌舞。

（3）谐，汉语称"弦子"。它是藏族舞中最普遍、最繁盛的艺术表演形式；舞姿优美，刚柔并兼，旋律欢快流畅，节奏鲜明开朗，曲调大都高亢嘹亮，粗犷豪放，丰富多彩。

"弦子"的主要形式表现在以下三个方面。

①以迎宾相会为内容，相互欢迎感谢、相互赞美的迎宾舞和相会舞。

②以尊敬长辈、热爱家乡、团结友爱为内容的赞颂歌舞。

③表达青年男女充满爱慕之情和纯洁真挚友谊的舞蹈。

（4）卓，汉语称"锅庄"，是一种劳动气息浓厚、粗犷豪迈的藏族古老的歌舞形式。

（三）藏族舞蹈的动作要领

藏族民族歌舞的种类形式繁多，特色鲜明。藏族舞蹈的手势可归纳成"拉""悠""甩""绕""推""升""扬"7种变化。藏族舞蹈的步伐十分丰富，从脚部动作上可概括为"蹭""拖""踏""蹉""点""掖""端""刨""踢""吸""跨""扭"12种基本步伐。

藏族歌舞曲的唱词内容广泛，如歌颂日月星辰、山河大地，赞美妇女的容貌服饰，思念亲人，祝福相会，祝颂吉祥如意及宗教信仰等内容。各类歌舞在漫长的历史文化生活中经过群众的创作和濡染又因地区不同而风格各异，但是，它们在整体的风格上又是统一的，都具有膝部有规律的屈伸和颤动的动作特点。因此，在欣赏藏族舞蹈时，重要的是看舞蹈演员膝部的控制和身体协调性。

知识链接

藏族舞蹈

藏族民间舞蹈展现的是一种文化融合的舞蹈形式，在风格特点与舞蹈形式上，表现了伴唱曲调的旋律特征和歌词等，同时文化的丰富也都蕴藏在藏族舞蹈里面,表现了人们的生活环境以及人们的日常衣着,也更加突出了藏族舞的风格特点。

藏族作为我国的古老民族,其地域环境较为特殊,有着广阔的草原,生产主要是以牧业为主。其中,青藏高原被人们称为"世界屋脊",有着十分雄伟的高山,且名山众多,为很多佛教徒向往。藏族的文化历史较为悠久,其艺术表达了藏族的热情与文化特色,生活在高原上的人们,由于常年面对那些冰封的雪岭,以及瞬息万变的完美景象,将会产生十分美好的神奇幻想。藏族的自然环境特殊,藏族人民不管是用什么样的生活方式活着,都不能够脱离自己和自然环境的联系,他们两者之间相互依存,互相影响着,养成了高原人民淳朴豪放的个性,同时形成了特定的民间舞蹈,这种民间舞蹈可以称为农牧文化型。

青藏高原的气候十分恶劣,道路也十分崎岖,藏族人民在生活过程中,有着自己的言辞与行动及劳动方式,任何一个方面都深深展现了一种高原情怀。舞蹈中"一顺边"则是这种动律体态的完美体现,能够对这点予以完美阐述,而膝部松弛等舞蹈动作,展现出的是一种微颤的下沉感,同时会运用屈伸步去保证身体重心的上移,进而形成一种晃动感,这些都同藏族人民的劳动生活相互关联。

(素材来源:中国舞蹈网)

藏族舞欣赏

三、东北秧歌

(一) 东北民族概况

"东北"一词,起源较早,《周礼·职方氏》:"东北曰幽州,其镇山曰医巫闾"。东北地区地处中国东北方向,自古以来,就泛称"东北",而明以后又俗称"关东",清朝时期统称为东三省。在中国一般用东北或者东三省、东北三省来称呼东北地区的辽宁、吉林和黑龙江这三个省份。东北民系的"东北"二字，即源于此。东北人民历来以勤劳、富于创造精神著称。

东北民系的大部分居民对"东北人"的这一身份概念的认同感大于对省籍的认同，这一现象的形成原因与该民系的独特历史、风俗习惯及语言的统一有关。发源于东北民系的乡土娱乐有二人转、东北秧歌、吉剧等。东北秧歌是一种载歌载舞的综合艺术，其是一种用锣、鼓等伴奏，将舞蹈、歌唱等融为一体的汉族民间艺术，主要流传着唱秧歌、扭秧歌、戏曲秧歌、戏剧秧歌 4 种形式。

（二）东北秧歌的特点

东北秧歌是中国北方地区劳动人民长期创造积累的艺术财富，又称扭秧歌。东北秧歌起源于农民插秧耕田的劳动生活，又和古代祭祀农神祈求丰收、祈福禳灾时所唱的颂歌、禳歌有关，并在发展过程中不断吸收农歌、菱歌、民间武术、杂技以及戏曲的技艺与形式，从而由一般的演唱秧歌发展到今天，是我国人民喜闻乐见，具有代表性的一种民间舞蹈。

东北秧歌一般以秧歌舞队为主要形态，舞队人数少则十数人，多时达上百人，根据角色的需要手持相应的手绢、伞、棒、鼓、钱鞭等道具，在锣鼓、唢呐等吹打乐器的伴奏下尽情舞蹈。各地秧歌的舞法、动作和风格各不相同，有的威武雄浑，有的柔美俏丽，千姿百态，美不胜收。

（三）东北秧歌的动作要领

东北秧歌在舞蹈形式中，主要是以走相、稳相、鼓相、手巾花来体现舞蹈风格的，常用的道具是手绢和扇子，伴奏音乐也很有特点，唢呐和小钹为常用的伴奏乐器。秧歌舞蹈表演，在体态上始终保持前倾，出脚时踢抬有力；收回时落地快而扎实，把膝部规律性的顿挫和舞蹈翻转时的爽利结合起来，形成了东北秧歌特殊的体态动律，即人们称为的"艮劲"，这种"艮劲"也与东北人民刚强不屈的性格相吻合，体现出了东北平原乡村人民独特的生活习俗和性格气质。

学习东北秧歌要从脚步动作看起，从身体上表现出的自下而上的协调美，体现出了由脚下的踢步带动上身的扭摆和腕部的绕花的协调性；同时，要看手巾花的表演技艺，这是舞蹈表演中突出变现力的主要环节，常以不同手巾花耍法和节奏变化来表现不同的人物性格，比如，既可以用优美的"片花"表现大姑娘的秀美和羞涩，又能以灵活脆快的"小燕展翅"表现小姑娘的俊俏和泼辣。

知识链接

东北秧歌

东北秧歌流传于我国的东北三省。它具有热烈、火爆、逗趣、诙谐的独特风格特点。并且形成了一整套完整的表演形式，蕴含着关东人民的审美心态和艺术情趣。东北秧歌有其特定的风格，这种风格存在于各种动作之中。东北秧歌形式诙谐，风格独特，广阔的黑土地赋予它纯朴而豪放的灵性和风情，融泼辣、幽默、文静、稳重于一体，将东北人民热情质朴、刚柔并济的性格特征挥洒得淋漓尽致。稳中浪（活泼）、浪中俏、俏中艮，总体归纳为"艮、俏、浪"。不管春夏秋冬都有自发的秧歌队伍在路边或活动中心翩翩起舞，如果不同秧歌队伍相逢时，就会鼓乐齐鸣，以礼相拜，接着就是一通各显高低的竞技性表演。观者为之叫好，表演者自娱其中，忘我投入，情趣万千。

它的表演形式一共有3种：大鼓秧歌、小鼓秧歌、地秧歌。

（1）大鼓秧歌。大鼓秧歌在三种形式中流传最广，尤其以辽南地区的营口、海城及盖州市等地更为盛行。其主要通过使用的道具来与小鼓秧歌区分。

（2）小鼓秧歌。小鼓秧歌分"天津高跷"和"小鼓高跷"两种。表演者脚踩一尺六寸左右的木制跷腿，因为两者都以腰鼓和手锣伴奏，所以统称小鼓秧歌。

（3）地秧歌。地秧歌是一种不踩高跷表演的秧歌，现在我们在课堂上所学的都属于地秧歌。地秧歌又叫作"地蹦子"，主要流传于沈阳、抚顺一带。

（素材来源：中国舞蹈网）

视频：东北秧歌欣赏

四、蒙古族舞蹈

（一）蒙古族民族概况

蒙古族过着"逐水草而居"的游牧生活，尽管这种生存方式在现代社会被弱化，但仍然被视作蒙古族的标志。蒙古族是主要分布于东亚地区的一个传统游牧民族，是中国的少数民族之一。中国的蒙古族人口主要分布在内蒙古、东北、新疆、河北、青海等地。蒙古族是一个能歌善舞的民族，世代生活在辽阔的大草原，从事狩猎、游牧的劳动生活，创造了蒙古族古老而灿烂的草原文化。

（二）蒙古族舞蹈的特点

蒙古族从事畜牧狩猎生产，由于长期生活在草原的地理环境和气候条件下，自古以来崇拜天地山川和雄鹰，牧民们在生活中创造了大量的音乐舞蹈。其舞蹈强调肩部、臂部、手部动作的训练，提高它们的灵活性和协调配合的能力，能够在松弛自如的状态中运用自如，在情感、形态、运气、发力中时刻体现出"圆"的东方思维观念。蒙古族舞蹈具有浑厚、含蓄、舒展、豪迈的特点。

（三）蒙古族舞蹈的动作要领

蒙古族舞蹈动作多以抖肩、翻腕来表现蒙古族人热情开朗的性格，男子的舞姿造型挺拔豪迈、步伐轻盈洒脱，表现出蒙古族男性彪悍英武、刚劲有力之美。

在蒙古族舞蹈中，观众应主要欣赏舞蹈演员的抖肩、揉臂和马步。关于"抖肩"，要看舞蹈演员是否体现出了松弛自如但又具有力度韧性、弹性和灵活性；在欣赏"步法"时，要注意舞蹈演员呼吸与步法的配合，要看是否能够体现出由呼吸带动步法蹚拖的起伏感，要看膝部是否具有控制力，以流畅自如的气息，体现动作的轻重缓急、大小强弱、抑扬顿挫。

（四）蒙古族舞蹈的类型

（1）筷子舞，男子舞，现在也有女子表演，风格粗犷强健，节奏性强，给人以热情奔放和勇敢的美感。

（2）盅碗舞，女子舞，多出现在庆典酒宴上，舞蹈动作细腻，给人以优美、精湛、典雅的美感。

（3）狩猎舞，男子舞，是古代沿袭下来的一种猎人跳的自娱性较强的舞蹈，风格活泼、畅快、洒脱。

（4）安代舞，是一种群众性的即兴歌舞，风格奔放、热烈、欢腾。

蒙古族民间舞内容丰富、形式多样，风格特征十分鲜明突出。如男子舞蹈讲究强健勇敢，女子舞蹈讲究端庄典雅，这种鲜明的艺术风格是蒙古族人民审美心理决定的，他们把强悍勇敢作为一种品德来崇尚，而不单纯是追求艺术形式的强悍，舞蹈的人物不仅要有强悍的造型美，更要有强悍勇敢的性格美。

思政微课堂

《鸿雁》

蒙古舞是蒙古族人民在长期的生活和劳动中所创造的独特的民族艺术瑰宝，是我国民族舞蹈艺术的重要组成部分，体现了草原儿女热情奔放、热爱生活、团结一致、积极向上的民族品质。蒙古族舞蹈节奏明快、舞步轻捷，在一挥手、一扬鞭、一跳跃之间洋溢着蒙古族的纯朴、热情、勇敢、粗犷和剽悍，表现了开朗豁达的性格和豪放英武的气质。以舞蹈《鸿雁》为例，蒙古族对鹰和大雁有特殊的感情，将其视作吉祥、理想、生命的象征。双臂延伸的动作代表着蒙古族宽广的胸怀、坦荡的性格、热情的灵魂及积极探索的精神。

视频：古族舞蹈：《鸿雁》欣赏

【点评】

在职场上，一名员工就像一只大雁，而团队就像雁群。大雁的迁徙，就好比企业一步步向成功迈进。如果一个团队能够像大雁一样，共同努力，那么它就一定能够取得成功。

（1）雁有仁心。因为一队雁阵当中，总有老弱病残之辈，不能够凭借自己的能力打食为生，其余的壮年大雁，绝不会弃之不顾，养其老送其终，此为仁者之心。

（2）雁有情义。雌雁、雄雁相配，无论是雌雁死或是雄雁亡，剩下落单的一只孤雁，到死也不会再找别的伴侣。

（3）雁有恭谦。天空中的雁阵，飞行时或为"一"字，或为"人"字，从头到尾依长幼之序而排，称作"雁序"。阵头都是由老雁引领，壮雁飞得再快，也不会赶超到老雁前边，这是其礼让。

（4）雁有大智。大雁是最难猎获之物，落地歇息之际，群雁中会由孤雁放哨警戒。

第二节　傣族舞蹈组合

一、基本动作

（一）基本手型

（1）掌型：四指并拢伸直，虎口张开，大拇指手指向掌心方向推，手掌及手掌用力伸直，五指手用力翘起（图5-1）。

（2）冠形：食指与大拇指相捏，形成一个圈形，其余三指依次张开成扇形，如孔雀头上的翎毛（图5-2）。

（3）嘴形：在掌型的基础上，食指与大拇指相捏形成一个嘴形，其食指弯曲第二个关节，余三指依次张开成扇形，整个扇形和孔雀头一样（图5-3）。

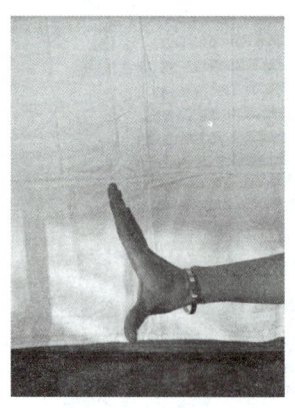
图 5-1

图 5-2
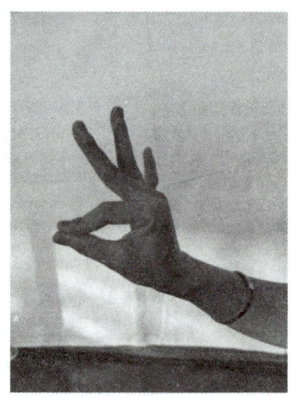
图 5-3

（二）基本手位

（1）一位手。双手掌型手型，手背相对提腕，指尖朝地面，放在大腿前侧，形成"三道弯"。

（2）二位手。在一位手的基础上，保持"三道弯"向上抬起到胃到前方。

（3）三位手。在二位手的基础上，保持"三道弯"向上抬起到头顶斜上方。

（4）四位手。在三位手的基础上，右手保持三位不动，左手下切为二位手。

（5）五位手。右手保持三位手不动，左手向旁打开七位手，与肩齐平。

（6）六位手。右手向下切至二位，左手七位不动。

（7）七位手。双手打开与肩齐平的位置，手背对前方，保持"三道弯"。

（8）抱腕掏手。该动作一般为动作与造型之间的连接动作。双手从胯的两侧提至腰的两侧，由小拇指发力从后向前、从里向外绕腕，呈半握拳，手肘尽量向后夹紧。配合膝盖的屈伸感觉主动翻手腕，用手背半握拳下压或上提腕连接下一个动作。

二、动作组合

准备：面对左边，左脚前踏步加半蹲，身体前倾，保持三道弯的体态，右手掌形在胯旁，左手屈臂（图5-4）。

1. 组合练习——第一段

（1）第一个八拍。

第1～4拍：在造型的基础上呼气下沉，落手。

第5拍：上右脚前踏步，身体直立，双手掌形，左手快速经体侧穿手到三位，右手在胯旁，展胸腰，眼睛看左手斜上方向。

第6～8拍：停在造型上，保持不动。

（2）第二个八拍。

第1拍：换重心到右脚，同时转身面对正后方，

图5-4

变成左旁踏步，右手打开到七位，左手背手在身体后，双手距离保持与肩同宽，双手掌形，指尖对上面，回头看右侧方向（图5-5）。

第2～4拍：停在造型上，保持不动。

第5、6拍：在造型的基础上，右手转腕，指尖对前，一拍推出，指尖对外。

第7、8拍：停在造型上，保持不动。

(3) 第三个八拍。

第1~4拍：第2拍呼吸，同时双臂打开七位绕腕两次，第3拍、第4拍吐气，同时双手在七位的基础上，向身体方向收手腕，身体重心在右脚，下左旁腰，左腿在旁，收小腿，眼睛看左手斜下（图5-6）。

第5~8拍：呼吸立，双手指尖带着，回到第二个八拍第1~4拍的造型上。

(4) 第四个八拍。

第1~4拍：向前上右脚，左手经头顶绕划到胯旁，在右手保持七位的基础上同时转腕，指尖对下，回头，眼睛看左边斜上方向，下右旁腰（图5-7）。

第5~8拍：在造型上做原地舞姿转两圈。

图5-5　　　　　　　　图5-6　　　　　　　　图5-7

(5) 第五至第八个八拍。做第一至第四个八拍的反面动作。

(6) 第九个八拍。

第1、2拍：面朝左侧方，右脚前踹步，右手穿手到三位，左手在胯旁，下胸腰，眼睛看右手斜上方向（图5-8）。

第3~8拍：呼气，同时背对做侧方碎步后退，右手朝身体正前方慢落至二位。

(7) 第十个八拍。

第1~4拍：面对正后方下左旁腰，左脚旁踹步，右手至胯旁，左手七位，眼睛看右边斜上。

第5~8拍：以右脚为重心，捻转半圈，面对正前方，舞姿保持不变（图5-9）。

（8）第十一个八拍。

第1~4拍：先迈左脚，向右边行进三步，变成右脚旁踏步，双手同时在七位手的基础上经腋下掏手到三位，手背相对，向右下旁腰，眼睛看左边斜上方。

第5~8拍：保持造型。

（9）第十二个八拍。

第1~4拍：回身向正后方行进，双手慢落到自然位。

第5、6拍：右脚快速旁踏，提胯，右手贴着身体斜后穿手到三位，左手从肋间穿手到后腰的位置，指尖朝下，手在中轴线位置，眼睛向左边斜上方看出（图5-10）。

第7、8拍：呼气，右手从旁慢落，沉重心划回正。

图5-8　　　　　　　图5-9　　　　　　　图5-10

2. 组合练习——第二段

（1）第一个八拍。基本步行进，先走右脚，两拍一步，对后方，双手在胯旁自然摆动。第四步原地踏步。左回身，回头看正前方向（图5-11）。

（2）第二个八拍。做第一个八拍的反面动作。

（3）第三个、第四个八拍。重复第一个、第二个八拍的动作。

（4）第五个八拍。右转身，朝右斜前方向行进，两拍一步，胯旁推拉手，做两次（图5-12、图5-13）。

（5）第六个八拍。重复第五个八拍的动作。

（6）第七个、第八个八拍。做第五个、第六个八拍的反面动作。

图 5-11

图 5-12

图 5-13

间奏四拍：对右斜前方向上左脚踏步，右手二位平推，掌心朝上，指尖向下，左手腾旁按手，一拍到位，保持不动（图 5-14）。

（7）第九个八拍。面对一方向基本步行进，先走右脚，双手与肩同宽，后平摆，一拍一步，最后一拍迈左脚，同时转身对正后方向（图 5-15）。

（8）第十个八拍。面对正后方向，重复第九个八拍的动作。

间奏四拍：快转身回正前方向，左脚旁踮步，右手三位，指尖向外打开，左手小二位，上托至腮前（图 5-16）。

图 5-14

图 5-15

图 5-16

3. 第三段

（1）第一个八拍。

第1～4拍：换重心撤右脚，面对右斜前方向左脚前踮步，上身在三道弯的基础上前倾，右手二位平托手，左手胯旁。

第5～8拍：保持造型，屈伸两拍一次，做两次。

（2）第二个八拍。

第1～4拍：提落换重心到左脚旁踮步，下左旁腰，右手向里经上弧线落到胯旁，左手从胯旁穿手到七位平托，眼睛看右边斜上方。

第5～8拍：保持造型，屈伸两拍一次，做两次。

（3）第三个八拍。

第1～4拍：向左拧身，面对正后方向，脚下不动，拧身变成左脚在前的踮步，加半蹲，右手贴着身体穿手到头顶，屈小臂，呈90°，左手贴着身体平推，与肩平齐，眼睛看左边手的方向（图5-17）。

图 5-17

第5～8拍：保持造型，屈伸两拍一次，做两次。

4. 第四段

（1）第一至第四个八拍。重复第二段的第一至第四个八拍的动作。

（2）第五至第六个八拍。面对左斜后方向做第二段的第五个、第六个八拍的动作。

间奏四拍：上右脚踮步转身对正前方向，同时双手向旁平开，左手经头顶划手打开到七位，下右旁腰。

（3）第七个八拍。基本步，先走左脚，向左原地转一圈，一拍一步，右手至左胯前按掌，左手胸前平穿手，指尖带着走圈，眼睛看左后，形成回旋的体态（图5-18）。

（4）第八个八拍。第1～6拍：面对正前方向，向左侧方向行进，基本步加半脚，先迈左脚，右手胯旁随动，留头看一点，一拍一步（图5-19、图5-20）。

第7、8拍：面对左侧方向，上右脚前踮步，右手胯旁，左手穿手至三位，指尖朝外，结束。

图 5-18　　　　　图 5-19　　　　　图 5-20

实训提示

（1）在学习傣族舞蹈的过程中要时刻注意保持身体的"三道弯"体态。

（2）做基本步法时注意下身弧线的运动路线，起范时小腿快踢起，在弱拍完成。

（3）注意手形，掌形要求四指并拢，指尖打开，虎口回压，大拇指立起。

（4）在音乐中注意培养学生的高雅气质与优雅动作的仪态。

（5）训练时应用刚柔相济、动静配合等方式来表达舞蹈风格。

（6）注意做动作时气息需要保持下沉，肩膀放松，脖子拉长。

（7）所有动作出手时走最大路线，收手时走最近路线。

（8）膝盖的屈伸要贯穿整个傣族舞蹈练习，膝盖要随着呼吸起伏，有韧性，不要干巴巴地伸直或弯曲，伸直到微直即可，不需要伸得太直，注意膝盖连绵不断的感觉，在所有的步伐中也要注意膝盖的屈伸感觉。

（9）由于傣族女孩多穿筒裙，因此要注意所有的腿部动作，除个别动作外，膝盖以上尽量并拢，用小腿做动作，膝盖对齐，不要前凸后凹，影响整体的形象美感。

第三节 藏族舞蹈组合

一、基本动作

（一）基本体态

正步、膝盖松弛，上身松弛前倾，小八字脚位，胯部放正，下颚微含，含胸、垂臂、可根据动作选择五指自然并拢，轻轻贴于前胯前方或两臂自然下垂。

（二）基本动律

（1）颤膝。基本体态准备，脚站八字位，身体自然松弛直立，略微含胸，两臂自然下垂，目视前方；膝部屈伸颤动，重拍向下，膝部颤动要有弹性和下沉感。

（2）屈伸膝。基本体态准备，双手扶胯，膝盖缓慢地在弯曲和伸直之间交替变换，重拍向上，双腿放松，膝盖要有韧性，动作要做满音乐节奏，强调"慢起快落"的节奏特点。

（3）懈胯与左右晃身。左腰上提，右腰放松下沉，来回交替，身体晃动要自然，动作不要过大。懈左胯的同时，右脚半脚掌踏地，屈膝，落脚时身体回到基本形态，左右重复。

二、动作组合

准备（2个八拍）：面对正后方向，左后踏步蹲，右手旁平开，左手三位托袖（图5-21）。

（一）第一段

1. 第一个八拍

第1~4拍：原地踏步加蹲颤膝动律。

第5~8拍：边踏步颤动律，边原地加转身（向左）。

2. 第二个八拍

第1~5拍：继续第一个八拍的第5~8拍的动作，转到正前方向。

图5-21

3. 第三个八拍

第1~4拍：回身朝左斜后方向跑。

第5~8拍：第1拍双手朝斜上方抛手，双手与肩同宽，慢沉气（图5-22）。

间奏四拍：先撤右脚，一拍一步，左回身朝正前方向转身。

4. 第四个八拍

第1~4拍：第1拍抛手，右手三位斜上，左手七位平开，同时向右斜前方向旁上步立半脚，眼睛看右斜上方（图5-23）。

第5~8拍：在原有的舞姿上慢沉，呼气落手。

5. 第五个八拍

第1~4拍：先迈左脚、三连步，右脚踮步，带手，第1拍双手平开，左手经内弧线到三位手

第5~8拍：碎步往八点钟方向前进，第8拍上右脚立回身，右手在嘴前，左背手（图5-24）。

图5-22　　　　　图5-23　　　　　图5-24

6. 第六个八拍

第1~8拍：向左跑一周回原位，转身到正前方向。

(二) 第二段

1. 第一个八拍

第1~4拍：面对正前方向行进，一拍一步，先迈左脚，加右手胯前摆手，左手在嘴前的位置（图5-25）。

第5~8拍：立半脚，同时左脚旁上步滑步，七位平开手，右手经下

弧线，向外开手，侧重心右旁上步做反面两拍一次（图 5-26）。

2. 第二个八拍

第 1～4 拍：面对正前方向行进，一拍一步，先迈左脚，加双手胯前摆手，双手保持与肩同宽。

第 5～8 拍：重复第二段第一个八拍第 5～8 拍的动作，最后一拍左手开手的同时左转身，面向正后方向，双手收至背后。

3. 第三个八拍

面向正后方向行进，先迈右脚，一拍一步，同时双手胯旁慢起手，掌心朝上，到大三位。

4. 第四个八拍

两拍一次撩步左转身到前方，先撩左脚，同时双手慢落，收至胯旁位（图 5-27）。

图 5-25　　　　　图 5-26　　　　　图 5-27

5. 第五个八拍

面向正前方向，一拍立，向左倒重心，住右侧方向行进，一拍一步，第 7 拍、第 8 拍原地前踮步，同时右手从七位经下弧线向外开手。

6. 第六个八拍

做第二段的第五个八拍的动作的反面动作，最后一拍左开手，同时转身面向左斜后方向，双手收到背后。

7. 第七个八拍

面向左斜后方向行进，先迈右脚，一拍一步，同时双手胯旁慢起手，掌心朝上，到大三位。

8. 第八个八拍

两拍一次挫步左转身到前方、先撩左脚，同时双手慢落，收至胯旁位。

（三）第三段

1. 第一个八拍

第1～4拍：面向右斜前方向，"之"字形行进，一拍立，向左倒重心，做三连步。一拍一步。4拍原地前踮步，同时右手从七位经下弧线向外开手（图5-28）。

第5～8拍：做第三段第一个八拍的第1～4拍的反面动作。

2. 第二个八拍

做第三段第一个八拍的动作。

图 5-28

3. 第三个八拍

第1、2拍：左脚重心，右脚前点步，双手从胯旁经下弧线快速向上，左手平开，右手扬起位（图5-29）。

第3、4拍：左脚原地踱步两次，一拍一次，重心在右脚，膝部自然弯曲，加颤膝，同时右手至身体斜后，左手至身体前，靠近二位的位置，双臂自然弯曲。

第5～8拍：重复第三段第三个八拍第1～4拍的动作。

4. 第四个八拍

重复第三段第三个八拍第1～8拍的动作。

5. 第五个、第六个八拍

面对右斜前方向，右脚前虚步，左腿为重心，双手经身体侧前后摆臂，到左前，右手后自然同时右脚原地踏步，二拍一次做两次（图5-30）。

6. 第七个八拍

面对正前方向颤端步，上身前倾，双手与肩同宽，二位基础上摆手，两拍一次先起左端。

7. 第八个八拍

先起左脚，颤端步加摆手，两拍一次，每次面向左转身分别朝七点钟方向、五点钟方向、三点钟方向、一点钟方向。

图 5-29　　　　　　　图 5-30

（四）第四段

1. 第一个八拍

第 1、2 拍：面对正前方，原地颤端步，两拍一次，加拧身甩手，先起左脚，拧身向左，右手旁平甩手，左手斜上大三位甩手（图 5-31、图 5-32）。

第 3、4 拍：做第四段第一个八拍第 1、2 拍的反面动作。

第 5～8 拍：重复第四段第一个八拍的第 1～4 拍的动作。

图 5-31　　　　　　　图 5-32

2. 第二个八拍

第 1～4 拍：面向前方，第 1 拍身体直立，同时平开手，向七点钟方向三连步。

第 5～8 拍：第 1 拍右脚前点，快收至后踏步，左手旁平位，右手点步，同时找左手平伸。踏步的同时，快速平摊手上盘至三位，掌心朝上，身体重心在前，上身前倾。

3. 第三、四个八拍

做第四段第一个、第二个八拍的反面动作。

4. 第五个八拍

第 1～4 拍：面对前方，朝左斜前方向，先迈左脚，左三连步。第 4 拍右脚做撩腿，双手第 1 拍，身体直立，同时双手平开，左手经下弧线抬至三位（图 5-33）。

第 5～8 拍：做第四段第五个八拍的第 1～4 拍的反面动作。

5. 第六个八拍

第 1～4 拍：三连步向后行进，先撤左脚，第 4 拍原地踏步，双手与肩同宽，由右至左胸前平划手至右旁（图 5-34、图 5-35）。

第 5～8 拍：做第四段第六个八拍的第 1～4 拍的反面动作。

图 5-33　　　　　　　图 5-34　　　　　　　图 5-35

6. 第七个八拍

重复第四段第五个八拍的动作。

7. 第八个八拍

第 1～4 拍：重复第四段第六个八拍的第 1～4 拍的动作。

第 5～8 拍：面对前方中心在左脚，右脚经左侧、正前两个方向的踮步，快速收至右脚在后的踏步蹲。身体前倾，同时左手旁平位，右手与点脚位置同方向，平摊上盘至三位，在踏步舞姿上停住。

实训提示

（1）在做藏族动律颤膝时强调重拍向下，松弛、自如、灵活。

（2）屈伸动作在移动重心时，重心一侧的肋部要顺势松懈，也称为"坐懈胯"。

（3）做撩腿时，提腿由膝部带动，撩腿以小腿带动，落脚时脚背要有重量感。

（4）颤踹时重拍在下，起伏平稳，腿部不要过分用力。

（5）颤膝时强调重拍向下，松弛、自如、灵活。

（6）组合节奏准确，动作协调，连贯性要好。

（7）舞蹈练习时除动作的规范与标准度外，还应注意气息的运用。

（8）藏族舞蹈的屈伸和颤膝等下肢动作为训练重点，手臂和上身要注意协调配合。

（9）理解藏族舞蹈的风格特点，在表演中应注意动作细节；做屈伸和颤膝时要保持膝盖松弛，注意膝盖的韧性和弹性，运用气息去控制动作，不可僵硬和呆板。

读书笔记

第四节　东北秧歌舞蹈组合

一、基本动作

（一）基本体态

身体直立，重心略微前倾到前脚掌（图5-36）。

（二）基本脚位

正步位如图 5-37 所示。

图 5-36

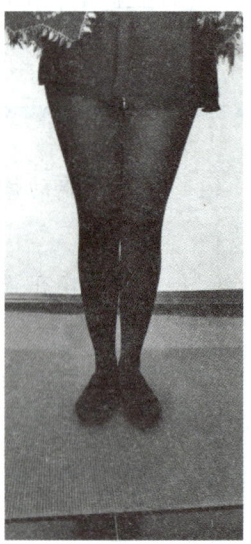
图 5-37

（三）手巾花的拿法

虎口捏巾，如图 5-38、图 5-39 所示。

图 5-38

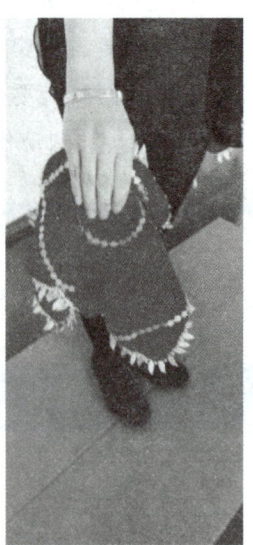
图 5-39

二、动作组合

准备：面对正前方，正步位站立，重心前倾。双手拿手绢，自然下垂。

（一）第一段

准备：
第1～8拍：双手在压胯前平开，向里绕花，同时双手叉腰。

1. 第一个八拍

原地上下动律，先向右做，2拍一次的做4次。

2. 第二个八拍

原地前后动律，先出右边，2拍一次的做4次（图5-40）。

3. 第三个八拍

原地划圈动律，先做右边，2拍一次的做4次。

4. 第四个八拍

原地划圈动律加前踢步，上身先做右边，踢左脚，2拍一次的做4次。

5. 第五个八拍

第1、2拍：右手胯前绕花一次（图5-41）。

第3、4拍：右手与肩平齐，斜前绕花一次。

第5～8拍：右手胸前绕花一次（图5-42）。

图5-40

图5-41

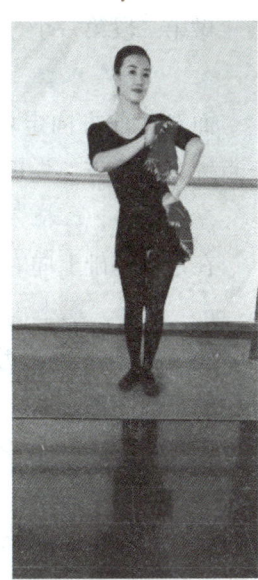
图5-42

6. 第六个八拍

做第一段第五个八拍的反面动作。

7. 第七个八拍

胸前交替绕花，先出右手，2拍一次的做4次。

8. 第八个八拍

继续胸前交替绕花，同时加前踢步。

（二）第二段

1. 第一个八拍

第1～4拍：一拍快到位时，上左脚，踏步位面对右斜前方向，双手同时打开小七位停住。

第5～8拍：上下动律，2拍一次的做2次，先向右做。

2. 第二个八拍

第1～4拍：一拍快到位时，上左脚到正部位，面对一点钟方向双护头停住（图5-43）。

第5～8拍：前后动律，先出右手，2拍一次地做2次。

图 5-43

3. 第三、四个八拍

做第二段第一个、第二个八拍的反面动作。

4. 第五个八拍

面对正前方向走场，双手胸前交替绕花向三点钟方向行进，先迈右脚，2拍一次。

5. 第六个八拍

在走场基础上向右走圈，一圈回原地。

6. 第七、八个八拍

向反方向行进，做第二段第五个、第六个八拍的反面动作。

（三）第三段

1. 第一个八拍

碎步左转一圈，划圈动律4次（图5-44）。

2. 第二个八拍

第1～4拍：上左脚成正步，双手胸前平

图 5-44

开至双护头。

第 5~8 拍：上下动律两次，先向右。

一鼓：闪身一鼓，落指相（图 5-45～图 5-47）。

图 5-45　　　　　　　图 5-46　　　　　　　图 5-47

实训提示

（1）基本动律压脚跟注意切分节奏，脚跟抬得低，压下胯，压在正拍上。

（2）上下动律的发力点在腰，是经腰划下弧线的上下扭动，扭在附拍上。

（3）前后动律发力点在腰，是经腰划下弧线的前后扭动。

（4）划圈动律的发力点在腰，划"8"字弧线扭动。

（5）手巾花的里绕花要以指带腕，慢起范儿，快压绕，压腕翘指，掌心向前。

（6）交替花自身侧抬起，以指带腕、腕带臂，切忌肘主动。

（7）前踢步出脚急，落脚稳，慢移重心，双膝微衬。脚离地时，保持脚的自然形态。

（8）动作中手与脚的协调配合，不同于之前的元素动作，基本舞姿是元素动作向舞蹈动作过渡的桥梁，是从元素动作到舞蹈动作的深化练习，手与脚的协调配合需要长期的练习才能

读书笔记

够达到。

（9）眼神与表情的表现力，除了肢体动作的表现力外，还应注意面部的表情、眼神和动作的配合，这能大大提高肢体动作的美观性。

（10）舞步要规范准确，灵活轻快，舞姿不能僵硬。

（11）身体、头部与腿部的配合要协调、自然，动作要做在节拍里，注意肢体姿态的表现力。

第五节　蒙古族舞蹈组合

一、基本动作

（一）基本体态

自然站立，重心微后仰，小八字位提胯、立腰、拔背、敞胸、重心略偏后，膝盖部自然松弛。

（二）基本手位

（1）平手。四指并拢，用力伸直，虎口打开。

（2）一位手。双手与肩同宽，平手手形置于胯下，手心向下，指尖相对，手肘微弯成弧形。

（3）二位手。在一位手手臂弧度的基础上向上抬起，然后屈臂于小腹前，手心向下。

（4）三位手。在二位手的基础上，双手向两边打开，两手放在身体的旁侧前下方45°。

（5）四位手。两手在三位手的基础上向上平行抬高，侧平于肩膀。

（6）五位手。两手在四位手的基础上向上抬高，放于肩的斜前上方，形成一个V形。

（7）六位手。两手向里切臂，胳膊肘架起，两指尖相对，相距约一拳，两个胳膊肘与手指尖呈一条水平线。

（8）七位手。叉腰手位，半握拳，手心向下，虎口叉于腰上，手肘微端

（三）基本脚位

小八字位、踏步、点步如图 5-48～图 5-50 所示。

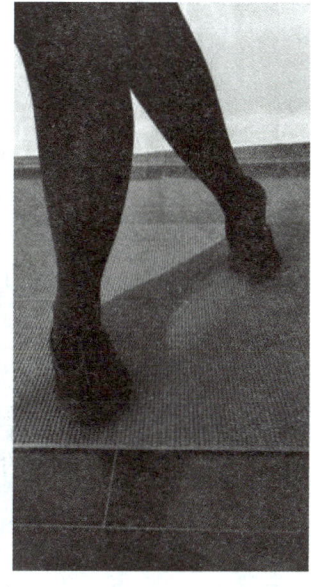
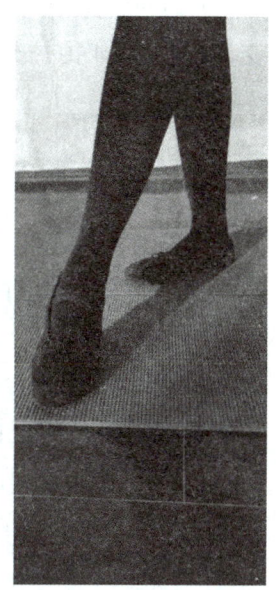

图 5-48　　　　　图 5-49　　　　　图 5-50

二、动作组合

准备：两组分别在场下两侧准备。

（一）第一段

1. 第一个八拍

候场，横排在后场准备出场。

2. 第二个八拍

面对正后方，碎步圆场从两侧走出呈两横排，同时双手体后交替小柔臂，4 拍一次。

注意：左侧出场的先向右柔臂，右侧出场的先向左柔臂，走成两排对齐，左边出场的站第一排（图 5-51）。

3. 第三、四个八拍

两排同时右转身面对正前方向，碎步"之"字形前进，双手体旁交替大柔臂，先向左走，4 拍

图 5-51

一次。

4. 第五、六个八拍

向右快转身，面对五点钟方向，碎步"之"字形向后行进，双手体旁交替大柔臂，4拍一次。

（二）第二段

1. 第一个八拍

上左脚，左转身，面对右斜前方向踏步，双手叉腰。硬肩2拍一次的做4次，先出右肩（图5-52）。

2. 第二个八拍

柔肩2拍一次，同时上身前倾4拍，后靠4拍，脚下踏步不动，膝部随呼吸加小幅度的屈伸。

3. 第三个八拍

上右脚，面对左斜前方向踏步，重复第二段第一个八拍的动作。

注意：先出左肩。

4. 第四个八拍

重复第二段第二个八拍的动作。

图 5-52

5. 第五个八拍

上右脚，面对正前方向行进，同时做硬肩，4拍一次。

6. 第六个八拍

继续向前行进，硬肩快的2拍一次。

7. 第七个八拍

撤右脚，向后退，同时做硬肩，4拍一次。

8. 第八个八拍

继续向后退，硬肩快的2拍一次。

（三）第三段

1. 第一、二个八拍

向右侧方向横移，右脚向旁迈步4拍，起右肩。4拍后脚跟上，落后变踏步位，硬肩换出左肩继续横移，加快节奏。2拍一次（图5-53、图5-54）。

图 5-53

图 5-54

2. 第三、四个八拍

上左脚向左斜前方向，回身原地走圆圈，慢的 4 拍一次。走两步，然后加快 2 拍一次的走 4 步，正好走完一圈回原地面对一点钟方向。

3. 第五、六个八拍

做第三段第一个、第二个八拍的反面动作。

4. 第七、八个八拍

做第三段第三个、第四个八拍的反面动作。

（四）第四段

1. 第一个八拍

面对正前方向，上右脚踏步位，双手体前一位硬腕手 2 拍一次，做 4 次，眼睛看右手斜下方，双膝微屈，身体前倾（图 5-55）。

2. 第二个八拍

双手经过胯旁打开小七位，硬腕手 2 拍一次，做 4 次，眼睛看左手斜下方，双膝微屈，身体前倾。

3. 第三个八拍

第 1～4 拍：双手经下弧线划圈一周到胸前，双手交叉，同时左脚向旁迈步，换重心右脚旁点地，眼睛看一点钟方向（图 5-56）。

第 5～8 拍：硬腕手 2 拍一次，做两次。

4. 第四个八拍

第 1～4 拍：双手经下弧线划圈一周到七位平开，同时换重心左脚旁点地，左手高，眼睛看左边手斜上（图 5-57）。

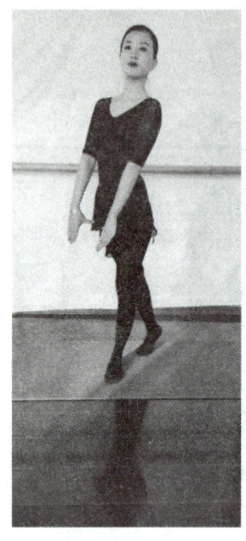  

图 5-55　　　　　图 5-56　　　　　图 5-57

第 5～8 拍：硬腕手 2 拍一次，做 2 次。

5. 第五、六个八拍

做第四段第一个、第二个八拍的反面动作。

6. 第七、八个八拍

做第四段第三个、第四个八拍的反面动作。

（五）第五段

1. 第一个八拍

第 1～4 拍：换重心左脚旁点步，一位交替硬腕手 1 拍一次，做 4 次。先压右手，眼睛看一点钟方向（图 5-58）。

第 5～8 拍左脚收后踏步位，双手上提，胸前交替硬腕手 1 拍一次，做 4 次。先压右手，加胸腰，重心在两脚之间。

2. 第二个八拍

第 1～4 拍：左脚打开，回左脚旁点步，重复第五段第一个八拍的动作。

第 5～8 拍：左脚收后踏步位，双手打开七位平开手，交替硬腕手 1 拍一次，做 4 次。先压右手（图 5-59）。

3. 第三个八拍

换重心到左脚立，右脚上步变踏步位，同时右手叉腰，左手打开七位，身体重心前倾，眼睛看左手方向。左手硬腕手 2 拍一次，做 4 次，先做压腕（图 5-60）。

4. 第四个八拍

双手保持原位，身体左倾，眼睛看右边斜上方，继续做硬腕手。同时先迈右脚，走一周，回正前方向（图5-61）。

图 5-58　　　　图 5-59　　　　图 5-60　　　　图 5-61

5. 第五、六个八拍

做第五段第一个、第二个八拍的反面动作。

6. 第七、八个八拍

做第五段第三个、第四个八拍的反面动作。

实训提示

（1）提胯、立腰、拔背、敞胸、重心略偏后，是蒙古族女子舞蹈的基本体态。

（2）目光远视，气息下沉，稳重、端庄、含蓄、柔中带刚，是蒙古族女子舞蹈的审美特征。

（3）要求碎步时膝、踝关节松弛灵活，双脚在正部位基础上，步幅小而碎，行走时要平稳。

（4）硬肩要有力，有顿挫感；柔肩要柔韧，连绵不断。注意与步线的协调配合。

（5）硬腕时五指自然平伸，由腕部带动手掌有弹性地提、压，切忌手指主动。突出腕部的顿挫感，干脆利落。

(6) 柔臂时由肘部发力，背部舒展。从肩、肘、腕、掌、指到指尖，呈连绵不断的波浪式运动。

(7) 肩和手臂的动作是蒙古族舞蹈中比较重要的训练部分，要区分每种肩的做法和不同之处，硬肩要有棱有角，柔肩则是柔和有韧性；碎抖肩时肩部要灵活，抖肩要快速均匀、流畅自如。

(8) 柔臂动作要注意由背到肩、手臂、手腕、手指尖的连贯性，两臂交替柔和的同时还要有力量感。

(9) 轻骑训练组合主要训练下肢的灵活性、稳定性与控制能力，要注意腿部动作的标准和稳定性，身体要配合下肢完成舞姿动作。

(10) 眼神要有看到辽阔大草原的感觉，还要注意气息与肢体动作的配合。

本章小结

各个民族的舞蹈，都有独特的肢体感觉和肢体语言，两者结合在一起就是形体舞蹈。形体舞蹈动作在练习中要注意肢体的线条美感，重在培养气质，给人一种高雅、舒服、很有活力的感觉。本章主要通过掌握相关民族的概况，了解主要民族文化，在教师的指导下进行民族舞蹈的基本体态、动律、步伐、舞姿等内容的综合训练，掌握动作规范性和运动规律，培养高雅的气质，纠正生活中不正确的姿态。学生通过学习与锻炼，在优美的音乐中达到收腰、健胸、美腿的目的，并可修身养性增强气质、风度、仪表，加强对形体美的认识。

实训任务

1. 练习傣族舞"三道弯"。
2. 以《北京的金山上》为背景音乐，练习藏族舞蹈的动作组合。
3. 请练习东北秧歌手绢的使用技巧。

思考题

1. 请回顾并介绍本章各个民族的概况。
2. 傣族舞蹈的手型和手位都有哪些？
3. 蒙古族舞蹈的基本特点是什么？
4. 东北秧歌手巾花有哪些技巧？

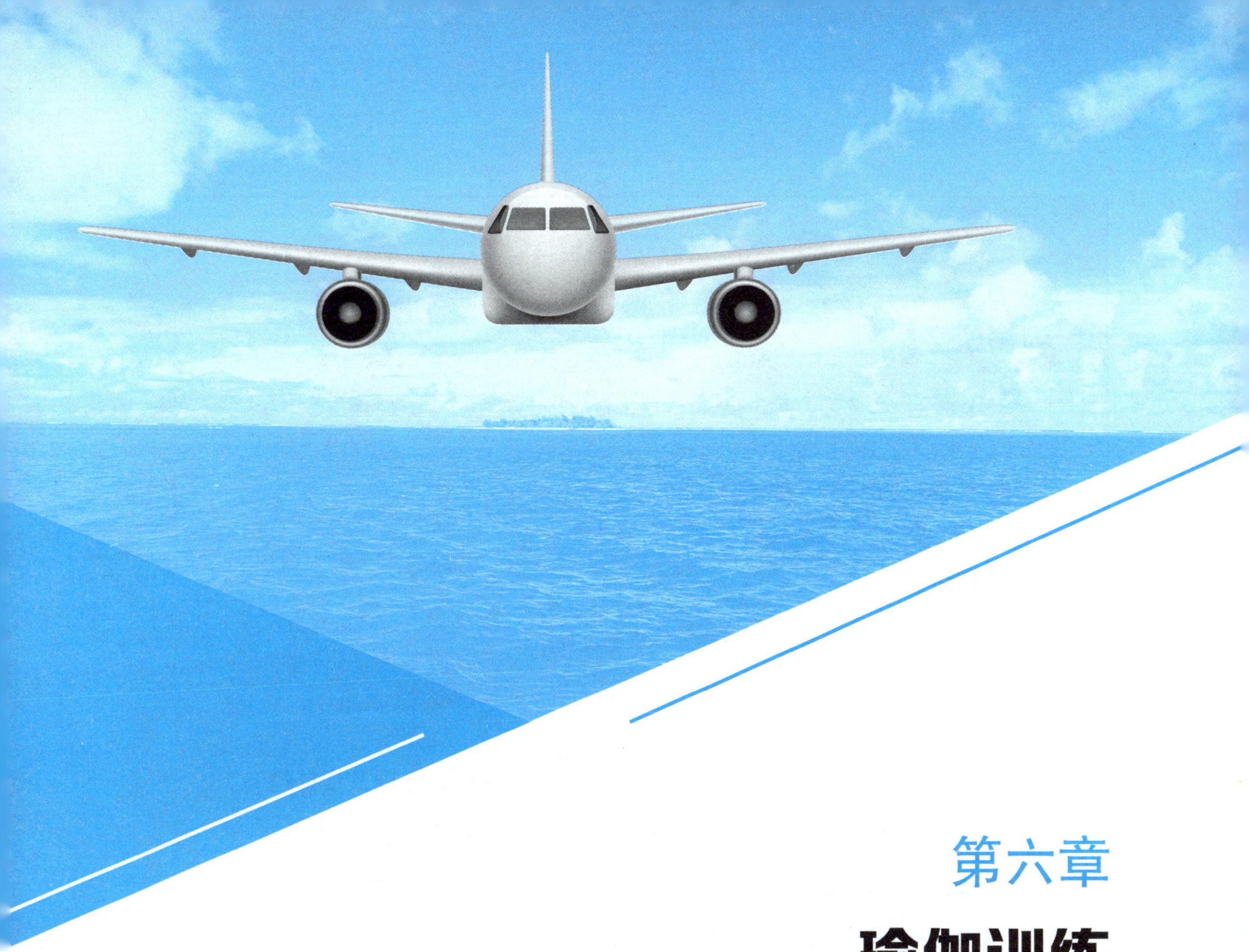

第六章

瑜伽训练

知识目标

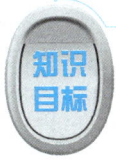

1. 了解瑜伽的基本背景文化知识。
2. 了解瑜伽对身体的锻炼和对心理压力的缓解。
3. 掌握瑜伽的基本练习动作。

技能目标

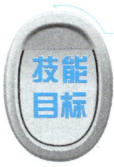

1. 能够做出标准而协调的瑜伽动作。
2. 能够通过动作的学习，提升身体柔韧性。

素养目标

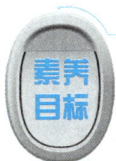

1. 使学生修身养性，净化心灵，锻炼身体。
2. 增强学生身体柔韧度，调节身心健康。
3. 磨炼学生的耐力及坚持不懈的意志力。

学前导读

瑜伽是一项有着5 000年历史的关于身体、心理及精神的练习，起源于印度，其目的是改善人的身体和心性。经常练习瑜伽可以增进人们身体、心智和精神上的健康。瑜伽有着深厚、牢固的群众基础。练习瑜伽能够减压养心，释放身心，达到修身养性的目的，练习瑜伽能够增加血液循环，修复受损组织，使身体组织得到充分的营养。同时，练习瑜伽能够使人气质优雅、体态轻盈，提高人内在和外在的气质。

第一节　瑜伽知识概述

一、瑜伽的起源

瑜伽起源于印度，距今有 5 000 多年的历史，被人们称为"世界的瑰宝"。瑜伽发源于印度北部的喜马拉雅山麓地带，古印度瑜伽修行者在大自然中修炼身心时，无意中发现各种动物与植物天生具有治疗、放松、睡眠或保持清醒的方法，患病时能够不经任何治疗而自然痊愈。于是，古印度瑜伽修行者根据动物的姿势观察、模仿并亲自体验，创立出一系列有益身心的锻炼系统，也就是体位法。这些姿势历经了 5 000 多年的锤炼，瑜伽教给人们的治愈法，让世世代代的人从中获益。

瑜伽的含义为"一致""结合"或"和谐"。瑜伽是古印度六大哲学派别中的一系，探寻"梵我合一"的道理与方法。而现代人所称的瑜伽主要是一系列的修身、养心方法。瑜伽是一个通过提升意识，帮助人类充分发挥潜能的体系。瑜伽运用古老而易于掌握的技巧，改善人们生理、心理、情感和精神方面的能力，是一种达到身体、心灵与精神和谐统一的运动方式，它包括调身的体位法、调息的呼吸法、调心的冥想法等。

读书笔记

思政微课堂

瑜伽日

瑜伽运动通过运用易于掌握的技巧，如静思、冥想、呼吸、调身等方式来实现人的身体和心灵不断升华。在瑜伽练习中，每个动作需要觉知肌肉的拉伸和收缩，通过不断练习体式，一次次突破自己的极限。

2014 年 12 月 11 日，联合国第 691131 号决议宣布 6 月 21 日为国际瑜伽日。设立国际瑜伽日的决议草案由印度提出，受到 175 个成员国支持。该提议最初由印度总理纳伦德拉·莫迪在第 69 届联合国大会上提出，他说："瑜伽是我们古老传统的宝贵礼物。瑜伽体现了心灵和身体的统一、思想与行动的统一……这种

整体方法有益于我们的健康和福祉。瑜伽不仅仅是锻炼；它是一种发现自己、世界与自然三者合为一体的方式。"

【点评】

大学生通过瑜伽的学习，可以培养勇于挑战、不畏困难、积极进取、精益求精的意志品质。另外，在瑜伽练习中需要专注呼吸和用力，关注身体的每个细节，净化大脑杂乱无章的意识，提高专注度。长期有规律的瑜伽练习，有助于大学生的自律性，提高情绪管理能力以及尊重他人，这些个性心理品质与人文精神正是现代社会对职业人工作素养的核心要求。

二、瑜伽的发展

现代学者将瑜伽的发展分为四个时期：

（一）前古典时期

由公元前 5 000 年开始，直到《梨俱吠陀》的出现为止，大约 3 000 多年的时间，是瑜伽原始发展时期。在这个缺少文字记载的时期，瑜伽由一个原始的哲学思想逐渐发展成为修行的法门，其中的静坐、冥想及苦行，是瑜伽修行的中心。

（二）古典时期

由公元前 1 500 年《吠陀经》笼统地将瑜伽记载下来，到了《奥义书》明确的记载瑜伽，再到《薄伽梵歌》出现，完成了瑜伽行法与吠檀多哲学的合一，瑜伽这一民间的灵修实践变为正统，由强调行法到行为、信仰、知识三者并行不悖。大约在公元前 300 年，印度大圣哲帕坦伽利创作了《瑜伽经》，印度瑜伽在其基础上真正成形，瑜伽行法被正式确定为完整的八支体系。帕坦伽利被尊为瑜伽之祖。

（三）后古典时期

《瑜伽经》出现以后，为后古典瑜伽。其主要包括了《瑜伽奥义书》，密教和诃陀瑜伽。《瑜伽奥义书》有 21 部，在这些"奥义书"中，纯粹认知、推理甚至冥想都不是达到解脱的唯一方法，它们都有必要通过苦行的修炼技术来获得生理转化和精神体会，才能达到"梵我合一"的境地。因此，后古典瑜伽产生出了节食、禁欲、体位法、七轮等，加上咒语、手印身印尚师之结合，是后古典时期瑜伽的精华。

19世纪的克须那摩却那是现代瑜伽之父。其后的爱恩加和第斯克佳是圣王瑜伽的领导者。另外，印度锡克族的"拙火瑜伽"和"湿婆阿兰达"瑜伽也是两个重要的瑜伽派别，一个练气，一个练心。

（四）现代时期

瑜伽发展到了今天，已经成为世界广泛传播的一项身心锻炼修习法。从印度传至欧美、亚太、非洲等，因为它对心理的减压及对生理的保健等明显作用而备受推崇。同时不断演变出各式各样的瑜伽分支方法，如热瑜伽、哈他瑜伽、高温瑜伽、养生瑜伽等，以及一些瑜伽管理科学。

三、瑜伽的相关理论

（一）瑜伽与印度哲学

古印度的宗教哲学派别林立，不过有两本著作被大多数印度人尊为经典，一部是《奥义书》，另一部为《薄伽梵歌》。古印度婆罗门教提倡"梵我一如"理论，由于印度教的普及，加上另一位有名的瑜伽祖师（同时也是印度教祖师）商卡拉的影响，这两本书也被后来大多数的瑜伽师奉为经典。瑜伽术本是一种身心修持术，与宗教无关，古印度的任何宗教都可采用。它的最高目的是实现人的一切可能，从精神（小我）与自然（梵、大我、最高意识）的合一。

（二）瑜伽的修习阶段

瑜伽可通过以下7个阶段修习。

1. 道德规范

瑜伽道德的基本内容包括非暴力、真实、不偷盗、节欲、无欲。这是瑜伽首先要求修习者遵守的道德规范。

2. 自身的内外净化

外净化为端正行为习惯，努力美化周围环境。内净化为根绝7种恶习，即欲望、愤怒、贪欲、狂乱、迷恋、恶意、嫉妒。

读书笔记

3. 体位法

体位法是姿势锻炼，能净化身心、保护身心、治疗身心。体位法的种类数不胜数，体位法锻炼可分别对人体的肌肉、消化器官、腺体、神经系统和其他组织起到良好的作用。它不仅有利于提高身体素质，还可以提高精神素质，使人的肉体与精神达到平衡。

4. 呼吸法

呼吸法是指有意识地延长吸气、屏气、呼气的时间。吸气是接收宇宙能量的动作，屏气是使宇宙能量活化，呼气是去除一切思考和情感，同时排除体内的废气浊气，使身心得到安定。

5. 控制精神感觉

精神在任何时候都处于两个相反的矛盾活动中，欲望和感情相互纠缠。精神也是与自我相联系的活动。控制精神感觉就是抑制欲望，使感情平和下来，集中意识于一点或一件事，从而使精神安定、平静。

6. 冥想、静定状态

冥想与静定状态只有通过实际体验理解和感受，难以描述。

7. 坚持者进入"忘我"状态

"忘我"即意识不到自己的肉体在呼吸、自我精神和智性的存在，已进入无限广阔的宁静世界。以上7个阶段综合起来即瑜伽。这7个阶段又可分为以下4个步骤来实现。

（1）第一个阶段和第二个阶段是思想基础、思想准备。

（2）第三个阶段和第四个阶段是肉体训练，通过各种姿势训练达到祛病强身的目的。

（3）第五个阶段和第六个阶段进行初步静坐，修持静功。

（4）第七个阶段是高层次的修持，进行冥想、静定阶段。

第二节　瑜伽舞

一、瑜伽舞的由来

瑜伽舞是一种融合了印度舞的妩媚妖娆和瑜伽的柔软恬静的精神活动。结合传统的瑜伽热身动作，融合一些有规律的舞蹈动作（一般是印度舞），配以轻松的技巧动作，既能锻炼身体，又能令人充满活力、轻松及启发思想，因而瑜伽舞在普及推广的过程中，尤其被都市白领所喜爱，所以，瑜伽舞又称为时尚瑜伽。瑜伽舞传承了印度舞的神秘妩媚和瑜伽的舒缓宁静，将印度舞的顾盼回眸、手舞足蹈、扭腰摆胯完全渗透到瑜伽动作，身体语言丰富多彩，手部动作变幻莫测，舞姿优美绝伦。瑜伽舞强调手、眼、心、意四者的统一，内外兼修，可以帮助瘦身，舒缓压力，加强身体整体的平衡力和协调性。在瑜伽舞练习的过程中，可以使人们提升气质、塑造形体、陶冶情操等。

二、瑜伽舞动作分类

（一）优雅类

转腰顾盼、云雀式、鸽子式、前伸展式、后仰支架式、树式、泰姬蹲、舞王式、玉指拈花、月亮女神、平衡式、展地舒适、摩天式等。

（二）冥想类

天使之翼、骆驼式、新月式、半弓式、蝗虫式、后抬腿式、蝶舞轻灵、三角伸展式、扫地式、梦幻天竺、后弯式、蛇王式等。

（三）妩媚类

白天鹅式、玛哈款摆、单脚举腿式、鹰式、站立交叉侧弯式、婴儿式、猫式、虎式、射手式、海虾式、少女的祈祷等。

读书笔记

三、学习瑜伽舞的作用

在学习瑜伽的过程中，人们深切地感到生命的鲜活与灵动，更能在保证健康平衡的基础上，提升气质、塑造形体、陶冶情操。

（一）修心塑形

从传统的观念上来看，要想达到比较好的塑身效果，必须要进行大汗淋漓的运动，但是瑜伽完全打破了人们的固有认识。虽然说瑜伽的动作特别轻盈，但是仍旧要身体的很多部位进行协调之后才能够完成这整个舞蹈瑜伽的过程。在这个过程中，通过舞蹈和瑜伽的双重结合，在无形中就消耗了人体多余的脂肪，之后就能够达到修心塑形的效果。

（二）愉悦身心

随着人们的生活压力越来越大，生活节奏也越来越快，人们内心的负面情感无法有效地释放出来，久而久之，人们的身体就会受到影响。而在跳瑜伽舞的时候，人们能够将所有的负面情绪都忘掉，从而令身心变得更加轻松。有很多朋友说，做完一次瑜伽舞，就能够将痛苦或者烦恼的事情忘记，从而开始全新的生活。

四、瑜伽舞的优势

瑜伽分为很多种，有最基本的动作，再难一些的动作需要长期的练习，瑜伽并不是像舞蹈或者体操一样刻意地去做一个动作或者一些技巧。瑜伽是身心合一地在练习。

舞蹈是要带进感情去跳的，舞者要抒发这个舞蹈的情感，用自己的姿态表达舞蹈的意义。瑜伽不同，瑜伽要身心放松去练，更加注重的是自己内在的心灵，要全身心投入到自己的世界里的练习。有一种叫作冥想的瑜伽，需要根据瑜伽老师的引导去想象，其与舞蹈是完全不一样的。瑜伽是人们生活不可缺少的一项运动、一种文化、一种精神支柱。

作为健身运动的瑜伽与其他项目相比有一些根本上的不同，主要在以下几个方面。

（1）瑜伽的体位法是为练习者自己的健康而做的，它是基于正确的运动医学理论而设计的。而一些表演类项目是为了娱乐大众，不顾及一些看似高雅美观的动作会伤害到表演者身体等问题。

（2）瑜伽不涉及竞技性。瑜伽不是比赛，是在安详平和的状态下进行的自我身心锻炼。

（3）瑜伽不引起粗重的呼吸，瑜伽动作自始至终保持可控性，步骤分明。

（4）瑜伽练习应配合呼吸，并将注意力放在所练习的部位上。

（5）瑜伽练习依据养生功的标准来看是养气的，而很多运动是耗气的。

（6）很多健身运动只关注了骨骼肌，将心肌和平滑肌放在了一边，更不涉及神经系统了，而这些只会造成对血流供给的过量需求，引起心悸、呼吸加快及心率过快，身体各处供氧不足，长期从事这种运动也是很多正当壮年的精英运动员猝死的原因之一。而瑜伽完全避免了这些不利之处。

视频：瑜伽舞

第三节　瑜伽常见体式

一、瑜伽基本姿势

（一）坐姿

1. 前倾式

向前倾的坐姿不仅能安抚整个神经系统，还能使大脑镇定下来。特别是对初学瑜伽的人来说，前倾的坐姿要比前倾的站姿更容易完成，因为完成前倾的站姿需要多花一些力气，而且要具备一定的平衡能力。

一般来说，只要前倾的坐姿练好了，就为练习站姿打好了基础，它还为高血压或其他疾病患者提供了一个实用的选择，即不要把头放在低于心脏的位置。练习前倾式是平衡和加强肾与肾上腺等器官功能的有效方式。前倾式主要分为钻石式、束角式、跨骑式、单腿交换伸展式、射箭式、背部伸展式、牛面式、船式等。

2. 后仰式

后仰一般要求身体强而有力，而前俯则要求身体具备灵活性。同时，后仰是加固和调养身体的很好的方式，特别是对背部、腿部和臀部的肌肉。如果练习者觉得自己不具备做后仰式的力量，可先练习难度低一点儿的站姿，如战士式。

读书笔记

练习后仰式的好处很多。后仰式能增强脊椎骨的灵活性，帮助改善站姿和坐姿，并保持脊椎的弹性。它们还能通过增加脊椎区域和从脊椎延伸出来的神经的血液供应，而使神经系统受益。伸展腹部区域，能在很大的程度上帮助消化，因为它们能调理在一般情况下比较弱的腹部肌肉和消化器官。它们还能扩展和打开胸部区域，增加肩膀的灵活性，从而帮助胸部得到更大的扩展。这能为深呼吸创造更好的条件，使呼吸系统也能受益。在身体保持后仰时，大脑也会进入被动的平静状态。后仰式主要分为猫伸展式、骆驼式、眼镜蛇式、蝗虫式、弓式、鱼式、狗伸展式、桥式等。

（二）脊椎弯曲式

脊椎弯曲式对排列各个脊椎骨的位置特别有用，它能有效地扭曲腰部以上的脊椎。这些姿势能够温柔地按摩腹部区域的内脏，并提供新鲜的血液滋养这些器官。它还能扩胸，为更好地呼吸创造条件，特别是使用胸腔呼吸的脊椎弯曲式让神经系统的神经中枢重新焕发活力，这些神经中枢从脊椎一直延伸到身体外围。所以，这些姿势对自主神经系统的影响比任何其他类别的姿势都大，特别是对迷走神经的影响。它具有安排和使身体与大脑平静下来的作用，所以，它不仅可以使身体容光焕发，还可以使微妙的身体系统充满活力。自主神经系统是由大脑主干和视丘下部控制的，它负责所有人们意识不到的身体功能。这些功能包括消化、呼吸、腺体和激素的分泌、心跳、血液循环，以及肾脏和肝脏的功能。迷走神经是人们身体中心副交感神经系统的重要部分，同时它也影响交感神经系统。副交感神经系统是自主神经系统中安静、放松的部分，它能平衡交感神经系统的活跃、刺激性作用。人们可以通过瑜伽脊椎弯曲式使身体的各个微妙的部分充满活力。

（三）站姿

瑜伽中的反姿势对所有姿势都非常重要，反姿势运动的目的是在进行不对称的站姿后让身体恢复对称，同时，这些反姿势能使大腿和脊椎得到放松和伸展。站姿主要分为山式、蹲伏式、弯腰伸展式、侧面弯腰伸展式、战士第一式、战士第二式、三角伸展式、旋转（翻转）三角式、侧三角伸展式等。

（四）平衡姿势

平衡姿势能通过平衡或均等地使用身体，使身体灵活地移动，摆姿势和协调四肢。它能使大脑宁静安详，注意力集中。平衡姿势主要分为树式、战士第三式、半月式、鹰式、舞蹈式、平衡式、支架式、斜支架式、孔雀式、后仰支架式、乌鸦式等。

（五）倒立姿势

倒立姿势是瑜伽训练中不可或缺的一部分。它们能通过各种各样的方式影响身体的机能使人们得到生理、心理和精神上的益处，而且这些姿势能使整个系统重新充满活力。例如，它们能消除疲劳缓解失眠、头痛、静脉曲张、消化疾病，以及过多的紧张情绪和焦虑。倒立主要分为肩倒立式、犁式、蝎子式、头倒立式等。

（六）休息和放松的姿势

有效动作在发挥最大效果时，往往就是最放松的时候。放松的姿势主要分为仰卧放松式、卧英雄式、半身仰卧放松式等。

二、瑜伽的呼吸和调息

（一）腹式呼吸

（1）身体放松，仰卧。
（2）单手轻轻放在肚脐上。
（3）吸气，将空气不经肺部吸入腹部的位置，吸到不能吸为止。
（4）吐气，将腹部向内往脊椎收，借收缩腹部的动作将空气呼出。

（二）胸式呼吸

（1）仰躺或者背挺直坐着。
（2）吸气，将空气吸入肺部的位置，胸部鼓起，吸气越深，腹部会越往脊椎方向收入。
（3）吐气，肋骨会渐渐向下并往内收。

（三）完全（瑜伽）呼吸

（1）先轻轻吸气，吸到腹部的位置，当这个区域已饱满时，接着开始充满胸部区域下半部的位置，渐渐地再充满至胸部区域的上半部位置。尽量将胸部吸满，扩张至最大的程度。
（2）吐气，先放松胸部的位置，再放松腹部的位置。
（3）用收缩腹部肌肉的方式结束呼气。这是为了确保已将肺部的空气完全排出。
（4）重复以上动作，循环往复。

三、瑜伽的姿势

1. 向太阳致敬式

（1）挺身站立，但要放松，两脚靠拢，两掌在胸前合十，正常呼吸（图6-1）。
（2）两脚保持平放在地上。把双臂高举头上（举臂时，两手食指相触，掌心向前），缓慢而深长地吸气，上身自腰部起向后方弯下。在这样做

向太阳致敬式

的过程中，两腿，两臂都伸直，上身向后弯以帮助增加脊柱的弯度（图6-2）。

图6-1

图6-2

（3）一面呼气，一面慢慢向前弯身，用双掌或两手手指触及地板（不要弯曲双膝）。以不感到太费力为限，尽量使头部靠近双膝（图6-3）。

（4）一面保持两掌和右脚在地板上稳定不动，慢慢吸气，同时把左脚向后伸展。同时慢慢把头向后弯，胸部向前方挺出，背部则呈凹拱形（图6-4）。

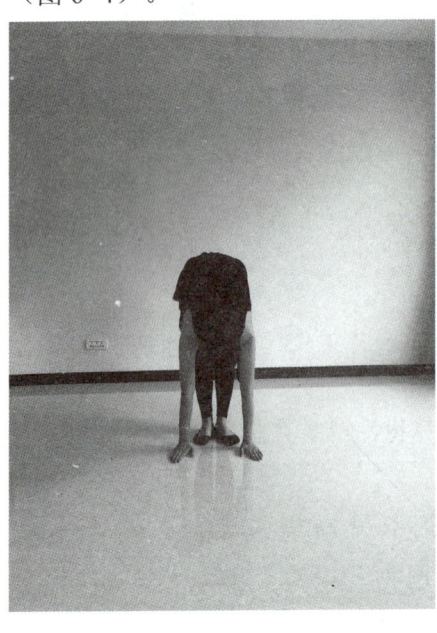

图6-3

图6-4

（5）一面慢慢呼气，一面把右脚向后移，使两脚靠拢，臀部向上方抬起。两脚脚跟尽量压向地面，两臂和两腿伸直，身体应该像一座桥的样子（图 6-5、图 6-6）。

图 6-5

图 6-6

（6）一面吸气，一面让臀部微微向前方移动，一直到两臂垂直于地面为止（图 6-7）。

（7）蓄气不呼，弯曲两肘，膝盖着地，把胸膛朝着地板方向放低，保持胸部略高于地面，一边慢慢呼气，一边把胸部向前移（图 6-8、图 6-9）。

读书笔记

图 6-7

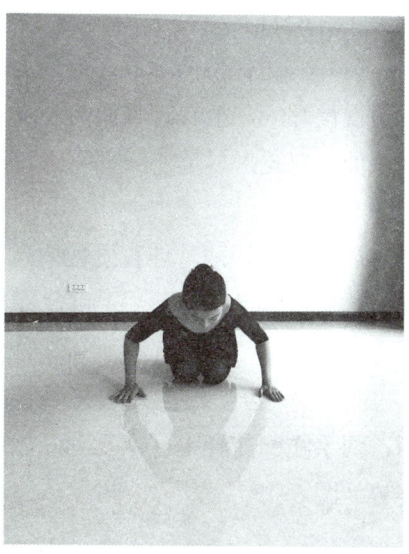

图 6-8

（8）直到腹部、两条大腿接触地面。吸气，同时慢慢伸直两臂，上身从腰部向上升起。背部应呈凹拱形，头部像眼镜蛇那样向后仰起（图6-10）。

（9）呼气，同时把臀部升高到空中。

图6-9

图6-10

（10）边吸气，边弯曲左腿并向前迈一大步，左脚脚趾与两手指尖平行。向上看，胸膛向前挺，脊柱成凹拱形（图6-11）。

（11）一边保持两掌放在地板上，一边慢慢呼气，把右脚收回与左脚并拢，伸直双腿，尽量使头部靠近双膝（图6-12）。

（12）吸气，两臂伸直慢慢抬高，同时慢慢抬起身体，两臂和背部向后弯。

（13）一边呼气，一边将手臂收回，两手在胸前合十，恢复到开始的姿势（图6-13）。

图6-11

图 6-12　　　　　　　　　图 6-13

2. 半舰式

坐着，两腿向前伸直，十指相交、置于头后（图 6-14）。

呼气，微微向后倾，两脚离开地面，伸直脚趾。双膝不要弯曲，全身重量应用臀部来平衡，背部任何部分绝不触及地面。脚趾尖与头的顶端在同一高度，两腿应与地面成 30°～40°，保持此姿势 20～60 s。正常地呼吸，不要悬息，也不要深深呼吸。

图 6-14

视频：半舰式

读书笔记

实训提示

半舰式的益处：这个姿势强壮双腿、腹部和背部，可增加这三处的力量，它也能强壮神经系统、脾脏、肝脏和胆囊。在做这个姿势时，背部肌肉受到很大的张力，开始学做时若不能够忍受这种拉力，则要试着以感到舒服为限，尽量长久地保持这个姿势。这种瑜伽姿势可使背部逐渐变得健壮。

3. 半蝗虫式

半蝗虫式练习可以提高臀位线，收紧臀肌，加强腰部、背部肌肉。

（1）俯卧、下巴着地，双手握拳置于体侧。

（2）将掌心朝上，放于大腿根处。

（3）吸气，收紧臀肌，用力向上抬高双腿，以脑门贴地，双臂用力压地。保持 10～20 s，自然地呼吸（图 6-15）。

视频：半蝗虫式

（4）呼气，腿落下还原，下巴着地，深呼吸 1 次，反复做 3 次。

图 6-15

4. 铲斗式

（1）按基本站姿站立，两脚分开。

（2）两臂上举，手腕放松，手指自然垂落（图 6-16）。

（3）深吸一口气，然后呼气，以腰为轴，上体快速垂下，两臂在两腿间自然摆,不要刻意摆动(图 6-17)。

(4)吸气,以腰为轴,从下背到中背、上背、颈、头,逐渐抬高上体,重复此姿势 3 次(图 6-18)。

图 6-16

图 6-17

图 6-18

实训提示

(1)高血压和低血压患者、眩晕患者、女性经期勿做此练习。头部受过伤害的人在得到医生同意下方可做此姿势。

(2)铲斗式的益处:此姿势将内脏颠倒过来,放松所有的内脏器官,使新鲜血流流入脑部,增加了血液中氧的含量。脊柱神经受到滋养,安神、补气,消除紧张的神经,清新头脑。

5. 船式

(1)仰卧在垫子上,身体放松成一条直线,两腿伸直,脚跟并拢,两臂平放于身体两侧,掌心向下。

(2)吸气,抬起上身,两臂朝前平举,指尖指向脚的方向,同时将两腿离地面。眼睛尽量往前看或看着脚尖,体会腹部绷紧的感觉。头部和脚跟离地面大约 30 cm。屏气,保持此姿势,停留 6~12 s,呼气,全身放松仰卧,做 3 次深呼吸(图 6-19)。

(3)吸气,然后把头、腰、背、两臂抬离地面,只保留臀部支撑全身重量。头部尽量与地面垂直，眼睛保持平视。头部和脚跟距离地面30 cm以上，两臂向前伸直，双手握拳并拢，掌心向下，屏息6～12 s（图6-20）。

（4）呼气，恢复平躺姿势，全身放松休息并做3～6次呼吸。然后重复练习3～6次。

图6-19

图6-20

实训提示

船式的益处：船式对松弛紧张的神经、警醒头脑特别有益；有助于强健腰背部；促进肠道蠕动，改善消化功能；强健肌肉，放松关节；分解腰部、腹部脂肪。

知识链接

练习瑜伽常见的误区

误区一： 只有身体柔软的人才适合练习瑜伽。

练习瑜伽才会使身体变得柔软，而非身体柔软的人才适合练习瑜伽。此外，瑜伽讲究适度即可，并不追求动作完成的幅度大小，只要练习者尽力而为便可收到理想的效果。

误区二： 瑜伽就是一种减肥运动。

练习瑜伽的最终目的是使身（身体）、心（思维、情绪等）、灵（感知事物的本能）三者达到平衡，所以，练习者不仅获得了身体的健康，还获得了心理的健康和本能的发展。就健身而言，瑜伽的作用还包括调节内分泌，治疗和辅助治疗疾病，减缓疲劳和压力等。因此，仅仅把瑜伽认为是一种减肥运动的观点不正确，减肥只是练习瑜伽的目的之一。

误区三：瑜伽是一种女性化的运动。

瑜伽虽然在女性群体中受到欢迎，但瑜伽并非女性的专利。因为瑜伽最初的练习者（称为发明者）全是男性。另外，当今知名的瑜伽大师绝大多数是男性。在欧美某些国家，男性练习瑜伽的普及程度甚至高于女性。

误区四：瑜伽需要团体练习才有氛围。

团体练习固然有好的氛围，但瑜伽本质上是一种自我修习的方式，因此，瑜伽的自我练习更容易全身心投入，从而收到事半功倍的效果。

误区五：瑜伽就像柔术或舞蹈。

瑜伽与柔术、舞蹈的练习目的完全不同，柔术和舞蹈是以表演为主要目的的，而瑜伽的练习是通过体位、呼吸、冥想、放松等多种技法的配合，达到完全的健康和自我修习的目的。因此，瑜伽与柔术、舞蹈虽然形似，却神差千里。

误区六：坚持练习是一件痛苦的事。

瑜伽并不是一种累人的运动，相反，它可以解除疲劳、焕发精神，每天练习瑜伽就像做了一个全身由内脏、腺体到肌肉、骨骼，甚至是大脑的休闲按摩，十分舒适。此外，任何一种健身运动都需要长期的坚持，才会收到良好的效果，取得骄人的成绩。

（素材来源：中国健康网）

读书笔记

四、练习瑜伽的准备工作

（一）时间

一般来说，人们都是利用早晨、中午、黄昏或睡前来练习瑜伽的。其实，只要保证空腹的状态，一天中的任何时间都可以练习。换句话说，饭后（3 h之内）是不宜练习瑜伽姿势的。真正的瑜伽行者看来，清晨4～6点才是练习瑜伽的最佳时刻，因为此时周围万籁俱寂，大气最为纯净，肠胃活动基本停止，大脑尚未活跃起来，容易进入瑜伽的深层练习状态。

(二) 地点

练习瑜伽最好能在干净、舒适的房间里，有足够伸展身体的空间，避免靠近任何家具。房间内空气清新、流通，并且能够自由地吸入氧气。最好摆上绿色植物或鲜花，也可播放轻柔的音乐来帮助松弛神经。当然，练习者也可以选择在露天的自然地面练习，如花园等环境较好的地方。千万不要在大风、寒冷或有污染的空气中练习，也不要在太阳直射下练习（黎明除外，因为那时光线柔和，有益于健康）。

(三) 衣着

练习瑜伽应穿着宽松柔软的衣服，以棉、麻质地者为佳，必须保证透气和练习时肌体不受拘束。必须脱鞋，袜子最好也脱掉（天冷时脚部必须注意保暖，手表、眼镜、腰带及其他饰物都应取下）。

(四) 道具

练习瑜伽当然以使用专业的瑜伽垫为好，当地面太硬或不平坦的时候，瑜伽垫能发挥缓冲作用，能帮助练习者保持平衡。但是，如果练习者没有专业的瑜伽垫，铺上地毯或对折的毛毯也可。不要在过硬的地板或太软的床上进行练习，同时注意不能让脚下打滑。初学者也可使用一些道具来辅助练习某些姿势，可用的道具如瑜伽砖、瑜伽绳，甚至墙壁、桌椅等。很多瑜伽姿势都可使用相应的道具，帮助练习者进行循序渐进的练习，同时更准确地掌握每一个姿势传达给身体的感觉。

(五) 沐浴

沐浴前 20 min 内不要练习瑜伽，因为练习瑜伽会使身体感觉变得极其敏锐，此时若给予忽热忽冷的刺激，反而会伤害身体，消耗身体内储存的能量。沐浴后 20 min 内也不宜练习瑜伽，因为沐浴后血液循环加快，筋肉变软，如果马上练习瑜伽，不仅容易使身体受伤，而且会导致血压升高，加重心脏负担。心脏病、高血压、甲亢等疾病患者尤其要注意这一点。另外，长时间的太阳浴后不要练习瑜伽姿势。练习瑜伽之前 1 h 左右洗个冷水澡，能让自己的练习达到更好的效果。

(六) 饮食

如前所述，饭后 3 h 内不宜练习瑜伽姿势。但是，练习者可以在练习前1h左右，进食少量的流质食物或饮料，比如牛奶、酸奶、蜂蜜、果汁等。练习时，可以喝一点儿清水以帮助排出体内毒素（当作鸭行式的练习时，甚至应该大量喝水）。练习瑜伽结束1h后进食最好。最好吃一些天然的食品，避免食用一些油腻、辛辣或导致胃酸过多的食品。进食要适可而止，吃得太饱会让人感到烦闷和懒惰。另外，练习瑜伽后饭量减少，排气、排便增加均属于正常现象。

五、练习瑜伽的注意事项

（一）练习瑜伽宜保持空腹状态

饭后3~4h，饮用流质食物后1h左右练习为佳，练习中另有规定的不依此例。饮水后不要立刻练习，如果实在口渴，可以小口啜饮，并且以60 ml以内为宜。

（二）练习瑜伽宜依据个人情况适度选择动作难易度

做各种瑜伽练习一定要在极限的边缘温和地伸展身体，千万不要用力推拉牵扯，超出自己极限。比如，练习瑜伽的向前伸展，伸展到快无法忍受了，处于伸展的极限，极限边缘的动作就是错误的练习。但练习者可以感受到伸展的舒适与快乐，这就是极限的边缘。温和地伸展，有控制地练习，千万不要过度地推拉牵扯。瑜伽被认为是几千年以来，绝少运动伤害的运动原因就在于此。如果在练习的过程中出现体力不支或身体颤抖，请即刻收功还原，不要勉强坚持。

（三）练习瑜伽宜量力而行

体力不支时，不要强迫自己去练习，也不要因为做不到某个瑜伽姿势而沮丧。只要经常练习，假以时日，身体的耐受力会越来越强，瑜伽练习者的姿势就会做得越来越到位，自身体质也会越来越好。

（四）练习瑜伽的饮食习惯

1. 少食刺激性食品

少食刺激性食品，如糖、洋葱、大蒜、辣椒等任何具有强烈味道的食物，及甜、酸、苦、辣、咸的原料或佐料。如果食用过多的刺激性食品，则会刺激内分泌和神经系统，使大脑激动起来，从而与瑜伽的平静知足背

读书笔记

道而驰。

2. 限食压抑性食品

瑜伽将压抑性食品称为"惰性食物"，此类食物扰乱身心安定，使人易怒、易妒，变得懒惰、萎靡。这种食品具有一定的抑制作用，让我们丧失能量，毒害我们的身体系统。压抑性食品包括不新鲜的、没味道的、腐烂或过熟的食品，如罐头、冷冻、经过加工或腐烂的食品、肉类和酒精类饮料。

3. 宜食健康食品

瑜伽将健康食品称为"悦性食物"，它们能给身心带来纯净和愉悦，促进生长。这种食品非常干净鲜活。例如，新鲜的水果和蔬菜、坚果、种子、豆制品、粮食、奶制品和蜂蜜。

（1）蔬果汁。蔬果汁取材很方便，制作方法也很简单。制作方法如下：将洗干净的新鲜蔬菜或者果汁放入有水的锅中，通过长时间地炖熬，蔬菜或者水果的颜色和营养会溶解到水里，把炖烂的蔬菜或水果捞去，在汤中放入盐和糖，等到温度合适时饮下汤汁。

（2）沙拉。所有可生吃的蔬菜都可以做成沙拉，如黄瓜、西红柿、胡萝卜、莴苣、卷心菜等。

（3）新鲜的水果。对于任何人来说，水果总是有营养的食物。为了使练习瑜伽取得良好的效果，吃新鲜水果是非常重要的。这并不是说必须吃昂贵的水果，一般常见的水果都有丰富的营养，只要是新鲜的水果即可。

（4）生坚果。建议吃一些能从硬壳剥出来的生坚果，如榛子、开心果、杏仁、山核桃和核桃仁等，将这些坚果混合起来，每天只需要吃一小把。生坚果具有使体内生热的功能，所以，宜于冬天食用，夏天可以少吃。

本章小结

本章介绍了瑜伽的起源和发展，并通过介绍瑜伽的主要动作和姿势等，使学生掌握瑜伽舞的基本动作要领。突出强调瑜伽在学习中的注意事项及饮食等要素，希望学生能够循序渐进地进行学习。

第六章 瑜伽训练

1. 请选择两种瑜伽动作,并拍摄成小视频分享给大家。
2. 以小组为单位,创编一套瑜伽操。

思考题

1. 请简要介绍瑜伽的起源。
2. 练习瑜伽常见的误区是什么?
3. 学习瑜伽的作用是什么?

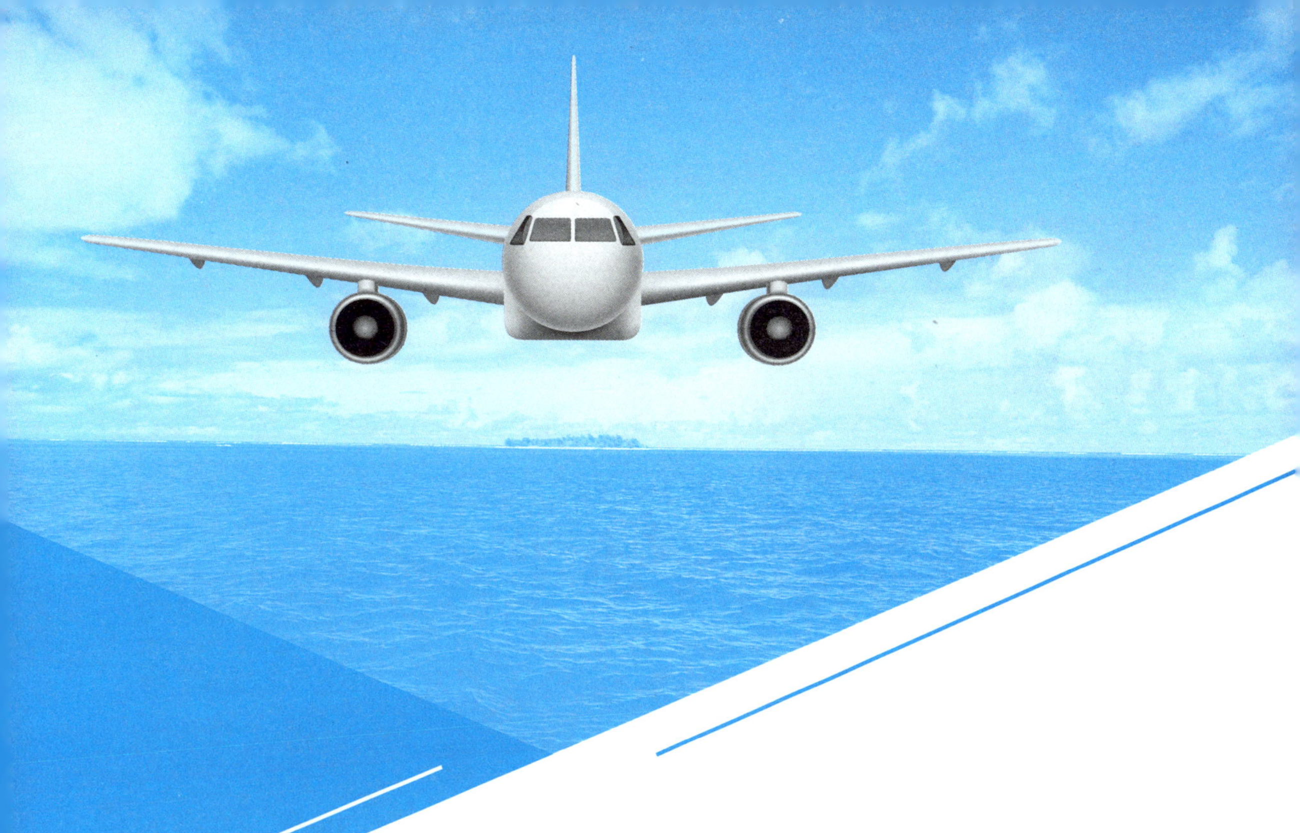

第七章 面试形体礼仪

知识目标

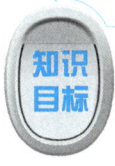

1. 了解空乘礼仪在求职过程中的重要作用。
2. 熟悉并掌握求职过程中的礼仪规范。
3. 掌握空中乘务专业学生应具备的基本仪态和动作。

技能目标

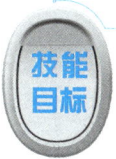

1. 能够应对各大航空公司的面试礼仪和面试技巧。
2. 能够在求职活动中流畅地使用中英文进行自我介绍。
3. 能够在礼仪服饰等方面做到针对性和适应性。

素养目标

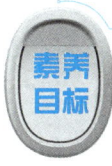

1. 坚定学生的职业信心，敬畏规则、敬畏标准。
2. 树立我国空乘人员良好的职业形象。

随着我国现代航空旅游业的发展，民航业对空乘人员的需求量越来越大，对空乘人员素质的要求也越来越高。对于空乘人员来说，在飞行途中对乘客的微笑、礼貌的语言、优雅的身体形态都能够为乘客带来更优质的服务享受，因此，空乘人员在面试时最为重要的就是"礼貌得体的举止，端庄优雅的气质"。本章将从面试前准备、面试基本礼仪技巧、空乘面试流程及注意事项等三个方面介绍面试时应具备的基本礼仪。

第一节　面试前准备

中国正处于从"民航大国"向"民航强国"的伟大转变过程中。中国航空运输业在全球的排名已跃升至世界第三位。"十四五"时期，人民群众航空服务需求将更趋多样化、个性化，航空服务必须在更高的起点上，以更高的标准，提供更加符合旅客需求的服务产品，做到服务产品多样、服务价格合理、服务流程便利、旅客体验美好，让民航服务品牌始终成为"中国服务"的标杆。

在当今国际化大时代背景下，作为我国的三大交通支柱之一的现代航空业，随着改革开放的进一步深入与市场的拓展，近年对人才的需求量不断增加，对空中乘务服务人员的需求越来越大，而对相关从业人员的选拔及相关要求也越来越严格。

一、知己知彼，有的放矢

"知己"就是要明确自己的专业特长、个性特点、兴趣爱好及职业向往，这是今后职业生涯成功与否的基石；同时，"知己"也要求要清楚自己的优势和弱势，使求职更具有针对性，以增加求职的成功率。"知彼"则是指求职者应提前了解和掌握准备应聘单位的相关资料，包括单位的性质、经济效益、用工制度和要求、本次招聘的职位及要求，以及申请职位的工作职责和必备的专业技能，甚至对有些企业有影响的人物（如创始人）等的信息都应该熟悉。明确了自己的所长所求，也了解了用人单位基本情况和所提供的职位的要求，这样才能够准确定位，有的放矢，把握机会，充分发挥自己的长处，积极展示自己的才能，从而获得成功。

读书笔记

二、应聘资料的准备

一份好的应聘材料无疑是求职时一个重要的敲门砖，一份完整的应聘材料包括个人简历、求职信和相关的证明材料复印件等。学生在进行面试简历的准备时，一定要认真分析和了解各大航空公司的基本要求，有针对性地进行面试资料的精心准备。

（一）个人简历

简历是一个人在一定时期内的重要经历，它是了解一个人大致情况的主要依据。而求职简历有它特殊的一面，用人单位需要通过简历了解求职人学过些什么，做过些什么，是否具有某方面的能力或发展潜力，是否与招聘职位的要求吻合。因此，在拟写简历的时候要注意以下几个问题：

（1）简历要"简"。简洁明了的简历既能够突出个人的重要信息，减少不必要的干扰信息，也能够照顾到招聘者的阅读。招聘者在每一次招聘活动中，都会收到大量的求职材料，长篇大论的材料是一定不会受欢迎的。一般的简历有一至两页就足够了。

（2）重点突出。用人单位想要了解的重点是求职者可以为他们做什么，所以，简历的重点在于突出个人的学习（或培训）经历、工作经验及曾取得的成绩。但如果把自己写成一个什么都能干的人，也许最后会什么都不让你干，因此，若有多个求职目标，最好写上多份不同的简历，在每一份上突出重点，这将使你显得与众不同，获得招聘者更多的青睐。

（3）真实准确。在简历的编写中一定要遵循诚实的基本原则，如实地表达出你的学习能力、工作能力和各项技能水平，以及工作经历和所取得的成绩，不可夸大其词，更不能虚构。要知道，讲真话不一定总能使你得到工作，但是谎言往往总能被人们找到破绽，哪怕是一个小小的细节，它既会让你人格受损，也会让你错失良机。

（4）用词得当。语言表达能力是一个人最基本的素质之一，不管什么行业对此都是非常重视的。首先，应该是用词要准确，表情达意清楚明了，不模糊含混。其次，用词要讲究表现力，如专业术语的使用就比一般性叫法更能表现你的专业素养，具体数据的使用比用"大量""很多"等词更令人信服。最后还要注意的是，在简历（包括后面的求职信）中，一定要避免出现错别字。许多招聘人员都谈到过，当他们发现错别字时，就会停止阅读。

另外，如果你写得一手漂亮的字，那么你的简历不妨用手写的方式来写，为自己多提供一个展示才能的舞台，也能使自己的简历在众多的打印材料中显得与众不同，以吸引招聘人员的眼球。鉴于多数航空公司均有标准化的面试表格，可以提前做好功课，确保所填写的内容与企业需要契合，提高面试的成功率。

知识链接

南方航空公司面试流程

一、初试

（1）10人一组，排队递交报名表和发号码牌。依次说"南航欢迎你"，向左向右转一圈，观察整体外形及走姿和站姿。

（2）进行简单的自我介绍（几组几号、来自哪里、年龄、毕业学校、专业、英语等级）。

（3）伸出手臂检查疤痕。

（4）评委会让通过四、六级的举手，也会让外语专业的举手。

温馨提示：

（1）自我介绍切记不要说姓名。

（2）尽量语言简练。

（3）着装建议穿白衬衣、黑裙子职业装，裙长在膝盖上下2 cm。

（4）头发干净利索，使用发胶定型，避免甩头发或捋头发。

（5）妆面清爽自然，根据自己的肤色选择橙色系或粉色系妆容。

（6）请始终保持微笑。

二、复试

（1）1 min英文自我介绍，内容包括学校、专业、英语等级、兴趣、爱好、工作经历。

（2）随机抽取英语短文朗读或是英文翻译。

温馨提示：

（1）认真阅读招聘简章，找到自己适合这份职业的闪光点。

（2）英文自我介绍避免千篇一律，没有个人特点和思想。

（3）请始终保持微笑。

三、高频问答

10个人一组，先自我介绍，然后还会根据简历询问相关问题。

部分综合面谈环节高频问答汇总如下：

（1）为什么选择南航？

（2）说说你对南航的了解。

（3）之前面试过其他航空公司吗？

（4）为什么想做空乘？

（5）谈谈你对空乘这个行业的了解。

(6) 你觉得一名优秀的空乘应该具备哪些品质？

(7) 你的家乡是哪里，介绍一下你的家乡？

(8) 在飞机上，如果外国乘客有宗教信仰需要特殊的食物，可是你没办法提供怎么办？

(9) 在夜间航班，你看到有乘客（假如是我）在用笔记本电脑工作，而且有敲击键盘的声音，你会怎么处理？

(10) 如果你看到你的同事在玩手机（飞机还未上客，在地面做准备工作），你会怎么做？

四、试装

女生需要换上南航的制服，男生就是西裤白衬衫加领带，进去之后先拍照，全程不要提及自己的姓名及号码，对着镜头自我介绍，控制在 1 min 以内，然后转身，从 A 点走到 B 点，再转身走过来，鞠躬说谢谢。试装结束之后仍可能会有面试提问环节，会根据你的简历和个人情况问一些问题，不同考区或考点的形式略有不同。

温馨提示：

(1) 试装的时候女生需要自己带一件长袖衬衫，现场会准备南航制服的马甲和条纹裙。

(2) 回答问题时注意和考官的眼神交流，自然而亲和的微笑很重要。

(3) 因为需要拍摄视频，妆容和盘发都需要准备得精致，口红不宜颜色过深，脖子露出来的部分应注意与脸上的肤色保持一致，不可以有碎发。

（素材来源：空乘招聘网）

（二）求职信

如果说简历是对一个人基本情况的简要介绍，那么求职信就是一个人能力与水平的综合展示。在求职信中，要突出个人的优势、能力，阐述个人的特性与意愿，给招聘人留下强烈深刻的印象。求职信总的要求是简洁精练，语言优美，言辞恳切，要求作者要有较高的写作能力。求职信的大致结构可以分为以下几个方面：

开头部分：称呼得体礼貌，比如"尊敬的××单位领导""尊敬的

××公司经理",再加上问候语"您好",以及"打扰"等谦语,充分表现出求职人应有的礼貌修养。

自我情况介绍部分:本部分内容与简历不同,重点在自己的优势上,要扬长避短,重点突出,条理清晰,语言简洁,点到为止,不做过多评述,否则有自吹之嫌。这些优势可包括学习能力、工作能力、个性优势、获奖情况等。

自我评价部分:这部分是展示自己独到见解的部分,要精心选择一个适合的角度,或自我评价,或抒发志趣,或对工作中的某个问题发表自己见解,但也不宜太长,目的是让招聘人了解你的人生观、价值观。前部分展示的是你的能力水平,而这部分展现的就是你的思想认识水平。

求职意向:这部分表达要直接明了,不要含糊不清,模棱两可,只需回答"你想做什么"或"你能为公司做什么",最直接的方式就是写出要申请的职位。

结语:包括联系方式、"此致、敬礼"等礼貌用语、求职人姓名、时间。

范文赏析 1

尊敬的领导:

您好!

当您打开我的求职信的时候,您已经为我打开通往成功的大门,感谢您能在我即将踏入人生又一段崭新的路途时,给我一次宝贵的自荐机会。

我叫××,是来自美丽的××,是空中乘务专业××届毕业生,我热爱空中乘务专业,并为其投入巨大的热情和精力。在三年的专业学习当中,我不仅了解和掌握了空中乘务专业的相关技能和知识,也通过顶岗实习积累了丰富的工作经验。

在校期间,本人始终积极向上,参加了社团活动、志愿者服务等社会实践项目,并通过阅读书籍充实自己的头脑。通过三年的学习和实践,我从心理和能力等方面做好了走上空乘岗位的充分准备,我诚挚地希望能成为××航空中的一员,我将以靓丽的形象、热情的服务,倾我所能,不断学习,为航空的发展事业贡献一份力量。希望您能够给我一次机会,我会尽职尽责,还给您一片惊喜。在此,我期待您的慧眼和垂青,静候佳音,相信您

读书笔记

的信任和我的实力将为我们带来共同的成功。

最后,再次感谢您,期待您的早日答复。

此致!

敬礼!

求职人:

20××年××月××日

范文赏析 2

尊敬的领导:

您好!

我是来自××大学的××,是今年的一名应届毕业生,所学专业为空中乘务,得知贵公司正在招聘一批空中乘务员的消息,我特意写了这封求职信,希望可以到贵公司面试。

高中的时候,凭借着自己的身高、身材优势,再加上自己高考时候的成绩,我顺利考入了××大学的空中乘务专业。在大学学习的时间里,我主要学习的课程包括航空服务礼仪学、民航概论学、民航专业英语学、航空运输地理学、航空安全与应急处理学和航空服务心理学等。通过这些课程的学习,我具备了一名空中乘务员的知识基础,为我应聘贵公司的这一职位增加了几分信心。

另外,我还有半年时间做空中乘务员的实践经验。在这半年时间里,我亲身体会到作为一名空中乘务员应该有的责任与态度。时刻保持微笑,全心全意做好我们的服务,服务好每一位乘客是我们的责任。这半年的经历,使我处理事情更加成熟与稳重。所以,我相信自己可以成为一名出色的空中乘务员,希望经理看完这封求职信后能够给我一次面试的机会。

最后,感谢经理读完了我的这封求职信,真心希望能够获得面试的机会。

此致!

敬礼!

求职人:

20××年××月××日

（三）自我介绍

自我介绍是日常工作中与陌生人建立关系、打开局面的一种非常重要的手段。

1. 正式介绍

在较为正式、庄重的场合，有两条通行的介绍规则：其一是把年轻的人介绍给年长的人；其二是把男性介绍给女性。

2. 非正式介绍

如果是在一般的、非正式的场合，则不必过于拘泥礼节，假若大家又都是年轻人，就更应以自然、轻松、愉快为宗旨。

范文赏析 3

各位考官好：

　　今天很高兴在这个平台为大家展示我自己，我叫××，身高××，今年18周岁，平时我喜欢看书、聊天，我的性格开朗活泼，能关心身边的人和事，与朋友都能和睦相处，并且对生活充满了信心，在我成长的十几年里，我养成了坚忍不拔的意志和顽强拼搏的精神。

　　从小到大，我一直向往蓝天，飞翔在蓝天是我不变的理想，飞翔在蓝天是我人生的幸福。我的自我认知让我觉得成为空姐是一个正确的选择。希望大家能给我一个机会，我想我一定能够在工作中得到锻炼并实现自身的价值，同时我也认识到人和工作的关系是建立在自我认识的基础上的，我相信自己能够做好这份工作。

　　空姐是一个神圣而高尚的职业……（写对空乘职业的认识），这也是我对空乘的工作最好的诠释。我相信它能实现我的社会理想和人生价值，希望大家能够认可我，给我这个机会。谢谢大家——

范文赏析 4

英文自我介绍

Good morning/afternoon, I'm very happy to stand here to introduce myself. My name is li Shasha...I'm 20 years old,

读书笔记

> 165 cm, Weight 53 kg and I live in Hebei. I grow up in a sweet family, composed of my grandpa, grandma, dad, mom and I. And I like traveling so I love to be an airhostess. I have confidence to be an excellent one. That's all. Thank you.

（四）相关证明材料

这部分是对简历中所提到的相关内容的进一步证明，包括成绩单、获奖证书、英语等级证、计算机等级证、各类专业技能等级证及发表过的作品、论文等的复印件，附在简历和求职信的后面。要求复印质量要好，清晰、整洁，在放置顺序上，最好根据求职意向的不同，将与该职务重点要求的相关材料放在前面，例如，申请空中乘务的职位，相关证明材料有英语等级证明、计算机等级证、参与社会实践活动证明、在各类比赛中获奖证书等。

（五）推荐信

一些涉外企业等在求职时需要有推荐信，推荐人主要是熟悉自己的学校老师，也可由校方组织部门出具，并加盖公章。社会人士求职，推荐信可由原来的领导或单位出具。以上四个方面按简历、求职信、推荐信和相关证明材料复印件的顺序装订在一起，并设计一个封面做简单的包装。封面的设计一定要简洁大方，清新醒目，千万不要弄得花里胡哨或太过另类。

第二节　面试基本礼仪技巧

求职者形象给面试官的印象好坏，常常关系到求职的成败。人的五官相貌虽然难以改变，但通过穿着打扮、风度气质、举止谈吐是可以改变留给他人的印象的。得体的打扮有助于树立良好的形象，增强自信心，同时能体现出良好的素养。

一、面试形象基本要求

（一）仪容

仪容通常指人的外貌或容貌，主要包括头部和面部。

在人际交往中，每个人的仪容都会引起交往对象的特别关注，并将影响对方对自己的整体评价。心理学上讲的"首因效应"，即人的知觉的第一印象往往形成顽固的心理定式，通常在30 s内形成的第一印象，对后期一切信息将产生指导效应。在个人的仪表问题之中，仪容是最为重要的一点，下面主要介绍仪容美的内涵及其基本要求。

1. 仪容美的内涵

（1）仪容自然美。仪容自然美是指仪容的自然条件较好，五官端正、天生丽质，目睹之后让人赏心悦目。尽管不应以貌取人，然而美的事物总容易给人留下较好的印象。

（2）仪容修饰美。仪容修饰美是仪容礼仪关注的重点，修饰仪容的基本原则为美观、整洁、卫生、得体。仪容的修饰美是指依照规则、场合与个人条件，对仪容施以必要的修饰，扬长避短，塑造出美好的个人形象，这在人际交往中是非常必要的，这样做一方面增加了自己在人际交往中的自信，同时给人以美的享受。在人际交往的过程中，对自己做必要的修饰，是一项基本礼仪。

（3）仪容内在美。仪容内在美是仪容美的最高境界，它是指通过个人努力，不断提高个人的文化、艺术素养和思想、道德水准，培养出自己高雅的气质与美好的心灵。

真正意义上的仪容美，应当是上述三个方面的高度统一，忽略其中任何一个方面，都会使仪容美黯然失色。

2. 仪容美的基本要求

（1）讲究个人卫生，树立整齐利落的形象。个人卫生可以反映一个人的基本素质，体现社会的文明程度。个人卫生是良好的个人仪容所必须具备的基本要求。个人卫生主要包括面容清洁、口腔清洁、头发清洁、手的清洁、身体清洁及胡须清洁等。

在任何场合，我们都应注意保持个人卫生，做到勤洗头、勤洗澡、勤修指甲，男士要勤修面，切忌身体有异味、皮肤表层或指甲有污垢等。在口腔清洁方面，养成勤刷牙、勤漱口的好习惯，在工作前，不应食用葱、蒜、韭菜、酒等有异味的食物，以免引起他人的厌恶；在服饰方面，注意勤洗勤换，塑造整齐利落的形象。

读书笔记

（2）注重培养个人修养，塑造仪容内在美。人的本质，也体现着社会美的本质。如果只有外表的华美，而没有内在的涵养作为基础，一切都会使人感到矫揉造作，使人感到"金玉其外，败絮其中"。

（二）仪表

仪表，即外表，服饰是仪表的重要组成部分。

空乘人员的仪表，是指包括人的容貌、姿态、服饰和个人卫生等方面，它是空乘人员精神面貌的外在表现。由于人的性格、气质不同，内在修养不同，行为习惯的不同，每个人以个人良好的文化素养、渊博的学识、精深的思维能力为核心，形成一种非凡的气质。良好的风度需要很长的时间来培养和锻炼，尤其作为一名合格的空乘人员，更需要在长期的飞行中提高自己的文化素质、培养自身性格，提升自身的修养，将外在的美和内在的美相结合形成空乘人员的气质。

求职时的着装、服饰打扮具有明显的暗示功能，从服饰的颜色、式样、档次和搭配上均可以显示一个人的爱好、文化修养、生活和风俗习惯，并显示出一个人的气质和审美情趣。

人们常说"三分长相，七分打扮"，可见容貌修饰在仪容美中的重要作用，尤其对于女性。在某些女性审美意识高的国家里，化妆是女性必备的生活礼仪。

（1）空乘人员（女性）在执行航班任务时化妆应以淡雅、清新、自然为宜。先用清洁霜清洁皮肤；用粉底霜打底，改善脸的肤色；眼的化妆，先从眼睑开始，在眼皮折线以下，从内眼角到外眼角施上眼影粉，要使用柔和的色彩，如淡紫色或棕色，最后用海绵球将眼影粉的边缘涂开一些，以显得柔和。用眼线笔在眉毛下勾出与眼影相协调的眼线，然后在上眉毛的根部用深棕色、灰色或黑色眼线笔淡淡地点出一条虚线，再用潮湿的小刷子将这些虚点刷成一条柔和的线。用棕色或黑色睫毛油拖到睫毛端部，先从内向外刷，然后从下向上刷。抹胭脂的时候，在涂抹胭脂前，先对镜子笑一笑，将胭脂涂抹在双颊高起的部位，然后用手指轻轻向眼角拍上去，这样会产生类似天然红润的效果。工作妆决不可浓妆艳抹，口红也不可涂得过于鲜红。在飞行中应注意随时补妆，这样可以给旅客一种饱满的精神状态。

（2）空乘人员在面部修饰时要注意卫生问题，认真保持面部的健康状况，防止由于个人不讲究卫生而使面部经常疙疙瘩瘩的或长满痤疮。

（3）注意面部局部的修饰，保持眉毛、眼角、耳部、鼻部的清洁，不要当众擤鼻子、挖耳朵。

（4）注意口腔卫生，坚持刷牙、洗牙，在上飞机的前一天不吃带有刺激性气味的食物。

（5）注意手部的美化，手和手指甲应随时保持清洁，要养成勤洗手的好习惯，手上要经常擦润肤霜，以保持手部的柔软，要养成经常剪指甲的好习惯，不要将指甲留得过长，给旅客一种不卫生的感觉。

知识链接

四川航空公司标准妆容

（1）蓝紫色系、紫色系和金棕色系。每一个妆容模板都从粉底、眼影、唇彩、腮红等各个细节处设定了标准。

（2）蓝紫色系将作为川航乘务员妆容的主要色系。紫色的神秘气氛中融合冷静的蓝色，塑造具有东方女性独特魅力的妆容。年纪稍长或者脸色稍深的乘务员可以使用蓝紫色系和金棕色系。

温馨提醒：

（1）参加面试前夜不要喝酒，避免面试当天影响状态和脸色。

（2）修剪好指甲保持干净，女生不要涂太夸张的颜色，建议无色透明即可，部分航空公司允许乘务员涂大红色指甲油。

（3）面试前一天洗头洗澡，保证身体头发干净无异味。

（4）穿丝袜的女生带上备用的丝袜，避免丝袜钩破造成的尴尬。

（5）带上补妆的化妆用品，保持妆容的干净，及时补妆。

（素材来源：空乘招聘网）

读书笔记

（三）表情

表情是人体语言中最为丰富的部分，是内心情绪的反映。人们通过喜、怒、哀、乐等表情来表达内心的感情，优雅的表情，可以给人留下深

刻的第一印象。

1. 表情的定义

人的表情主要体现于人类的面部，在一般情况下，人们所说的表情往往指的就是面部表情。表情是指人的面部情态。它可以传情达意，表现人的心理与仪态一样，表情也是人类无声的语言。现代传播学认为，它属于人际交流之中的"非语言信息传播系统"。并且是其核心的组成部分。对于仪态而言，表情更为直观，更为形象，更易于为人们觉察和理解。表情真实可信地反映着人们的思想、情感及其他方面的心理活动与变化。

2. 表情的重要作用

（1）表示谦恭。与人交往时，待人谦恭与否，人们可以从表情神态方面很直观地看出来，同时，交往对象也会非常重视。因此，人们在工作和生活中务必要使自己的表情神态于人恭敬，于己谦和。

（2）表示友好。在生活和工作中，对待任何交往对象，皆应友好相待。这一态度，自然而然就在表情神态上表现出来。

（3）表现诚意。人们在相互交往时，既要使个人的表情神态谦恭、友好，更要使之出自真心，发乎诚意。只有这样做，才会给人表里如一、名副其实的感觉，才会取得别人的信任。

（4）表示适时。从大的方面看，人的表情神态可以是庄重、随和，也可以是活泼、俏皮、兴奋、高兴，还可以表示不满、气愤和悲伤。无论采用何种表情，人们都要注意使之与现场的氛围和实际需要相符合。这就是所谓表情、神态要适时。比如，当你去看望一个病人时，万万不能表现出高兴之情，否则就会让人觉得你是幸灾乐祸，肯定不会受到对方的欢迎。

知识链接

人际交往中的目光应是怎样的？

常言道"眼睛是心灵的窗户"，眼睛能如实反映出一个人的喜怒哀乐。在传递信息过程中，它能够传达出最细微、最精妙的差异，表达出确切的信息。下面，我们介绍一下如何正确与其他人目光相对？

（1）注视别人的时间长短不同，表示的态度不同。如果注视对方的时间占全部相处时间的1/3左右，表示友好；如果注视对方的时间占全部相处时间的2/3左右,表示重视;如果注视对方的时间不到相处时间的1/3,表示轻视;如果注视对方的时间超过了全部相处时间的2/3以上,往往表示敌意。

(2)注视的角度不同,表示的态度不同。正视对方需要正面相向注视,表示重视对方;平视对方用在身体与被注视者处于相似的高度时,平视被注视者,表示双方地位平等与注视者的不卑不亢;仰视对方用在注视者所处的位置低于被注视者,而需要抬头向上仰望,表示对被注视者的重视和信任;俯视他人指的是注视者所处的位置高于被注视者,它往往表示自高自大或对注视者不屑一顾。

(3)注视的部位不同,不仅表示自己的态度不同,也表示双方关系有所不同。一般情况下,不宜注视他人头顶、大腿、脚部与手部或是"目中无人"。对异性而言,通常不应该注视其肩部以下,尤其是不应该注视其胸部、裆部、腿部。关系平常的人一般只注视对方的面部,关系密切的异性之间可以注视对方的眼部。

(4)注视的方式不同,表示的含义也不同。眼睛是传递心灵信息的窗口,在人际交往中具有不可替代、不容忽视的作用。在人际交往中,一个人的目光应是坦然、亲切、和蔼、有神的,目光应注视对方,不应躲躲闪闪。人们的视线互相接触的时间,通常占交往时间的30%～60%,一般连续注视对方的时间为1～2 s。在双方直接见面交谈时,视线的高度与位置,应因交际对象和交际场所的不同而不同。

(素材来源:公共礼仪网)

3. 微笑

国际标准微笑,即相距3 m的时候就可以看到绝对标准的微笑。面容祥和,嘴角微微上翘,露出上齿的8颗或6颗牙齿,同时还要注意保持牙齿的清洁以表示对他人的尊重。

(1)"三度"微笑及其运用。

①"一度"微笑。嘴角上扬15°,只牵动嘴角肌,适用客人刚到时。

②"二度"微笑。嘴角上扬30°,嘴角肌、颧骨肌同时运动,适用交谈进行中。

③"三度"微笑。嘴角上扬45°,嘴角肌、颧骨肌与其他笑肌同时

读书笔记

运动,是一种会心的微笑,适用迎送宾客时,一般以露出"6或8颗牙"为宜。

(2)微笑四个结合。

①笑口和笑眼的结合。在微笑中,不仅口在笑,眼也要笑,眼睛的表情是十分重要的。眼睛有传神送情的特殊功能,又是心灵的窗户。因此,口到、眼到、神色到的微笑才能打动人的心弦。

②笑口和神态、感情、气质的结合。笑时要笑出神态、神情、神色,做到情绪饱满,神采奕奕;笑出感情,笑得亲切、甜美,反映出美好的心灵;笑的有"气质",要体现出谦虚、稳重、大方和得体的良好气质。

③笑和语言的结合。语言和微笑都是传播信息的重要符号,只有做到两者的有机结合,声情并茂,相得益彰,微笑才能发挥出它的特殊功能。

④微笑和仪表、举止的结合。端庄的仪表、适度的举止,是每个人都追求的风度。以姿助笑,以笑促姿,就能形成完整、统一、和谐的美。有人说,一旦学会微笑,你将成为一笔宝贵的精神财富的拥有者;微笑是全世界通用的货币。但愿人人都学会微笑,成为微笑的使者。

★案例1

真诚的歉意

飞机起飞前,一位乘客请求空姐给他倒一杯水服药,空姐很有礼貌地说,"先生,为了你的安全,等飞机进入平稳飞行后,我会立刻把水给送过来。"可是,等飞机起飞后,这位空姐把这件事给忘了,待乘客的服务铃急促地响起来时才想起送水的事情。空姐小心翼翼地微笑着对那位乘客说:"对不起,先生,由于我的疏忽延误您吃药的时间,我感到非常抱歉。"那位乘客严厉地指责了空姐,说什么也不肯原谅,并说要投诉她。接下来的飞行中,空姐一次又一次地询问那位乘客是否需要帮助,但那位乘客不理不睬。临到目的地时,那位乘客要求空姐把留言本给他送来,很显然要投诉她。此时空姐心中十分委屈,但她仍然显得很有礼貌,微笑着说:"先生,请允许我再次向您表示真诚的歉意,无论您提什么意见,我都将欣然接受。"那位乘客准备说什么却没开口。飞机降落乘客离开后,空姐不安地打开留言本,她惊奇地发现那位乘客在本子上写的并不是投诉信,而是一封热情洋溢的表扬信。其中有这样一段话,"在整个过程中,你表现出

的真诚歉意,特别是您的第 8 次微笑深深地打动了我,使我最终决定将投诉信改成表扬信。你的服务水平很高,下次如有机会,我还会乘坐你的这趟航班"。

★**案例 2**

永远的微笑服务

美国希尔顿饭店从 1919 年到 1976 年间从一家旅馆扩展到 70 多家,遍布世界五大洲的各个大都市,成为全球最大规模的旅馆之一。50 多年来,希尔顿旅馆的生意如此之好,财富增加得如此之快,其成功秘诀之一就在于服务人员微笑的影响力。希尔顿旅馆的公司董事长康拉德·希尔顿在 50 多年里不断地到世界各地的希尔顿旅馆视察业务,他向各级员工问得最多的一句话就是:"你今天对客人微笑没有?"他指出:"饭店里第一流的设备重要,而第一流服务员的微笑更重要,如果缺少服务员的美好微笑,好比花园里失去了春日的太阳和春风。"

微笑是世界通用的体态语,它超越了各种民族和文化的差异。微笑是人人都喜爱的体态语。希尔顿酒店的成功,让我们看到"微笑的力量是巨大的"。

二、面试仪态礼仪

仪态是一种"无声的语言"。在日常交往中,人们能通过语言交流信息,但在说话的同时,面部表情、身体的姿态、手势和动作也在传递着信息。对方在接受信息时,不仅"听其言",而且在"观其行"。仪态语言是一种极其丰富、极其复杂的语言。据研究者估计,世界上有 70 多万种可以用来表达思想意义的态势动作,这个数字远远超过当今世界上最完整的一部词典所收集的词汇数量。信息的传递与反馈,从表面上看,主要是嘴、耳、眼的运用。事实上,表情、姿态等所起的作用,远远超过自然语言交流的本身。仪态是一种很广泛、很实用的语言,往往比有声语言更富有魅力,可以收到"此处无声胜有声"的效果。仪态是对人举止行为的统称,包括站姿、坐姿、走姿、气质和风度等。

读书笔记

（一）站姿

人的仪表美是由优美的站姿来体现的，而优美的姿态又以正确的站姿为基点。站姿是最容易表现人的特征的姿势，不同的站姿有时会传递出不同的信息。

基本要领：两脚跟相靠，脚尖分开，重心保持在两脚上。双膝并拢直立，腰背挺直，收腹挺胸、提臀，抬头挺直脖颈，人体有向上的感觉；肩平头正、微收下颌、目光平视前方，嘴唇微闭，面带笑容；站立时要双肩舒展，两臂自然下垂，右手放在左手上，双手置于小腹位或后腰际。站立时，要注意肌肉张弛的协调性，挺胸立腰沉肩，两肩和手臂的肌肉放松，呼吸自然，面带微笑（图7-1）。

视频：站姿

图 7-1

1. 站姿禁忌

（1）东倒西歪。工作时东倒西歪，站没站相，坐没坐相，很不雅观。

（2）耸肩勾背。耸肩勾背或者懒洋洋地倚靠在墙上或椅子上，这些将会对自己形象的树立产生不良影响。

（3）双手乱放。将手插在裤袋里，随随便便，悠闲散漫，这是不允许的。双手交叉在胸前这种姿势容易使客人有受压迫之感，倘若能将手臂放下用两手相握在前身立刻就能让对方感觉轻松舒适。

（4）做小动作。下意识地做小动作（如摆弄打火机、香烟盒、玩弄衣服、发辫、咬手指甲等）不但显得拘谨给人以缺乏自信的感觉，而且有失仪表的庄重。

2. 站姿训练

（1）男士站姿。身体立直，抬头挺胸，下颌微收，双目平视，嘴角微闭，双脚平行分开，两脚之间距离不超过肩宽，一般以 20 cm 为宜，双手在身后交叉，右手搭在左手上，贴于臀部。

（2）女士站姿。身体立直，抬头挺胸，下颌微收，双目平视，嘴角微闭，面带微笑，两脚尖略分开，右脚在前，将右脚跟靠在左脚脚弓处，两脚尖呈"V"形，双手自然并拢，将右手搭在左手上，轻贴于腹前，身体重心可放在两脚上，也可放在一脚上，并通过重心的移动减轻疲劳。

训练方法：教师示范站姿种类及标准，将两个同性别学生分成一组，按男士或女士站姿的标准背对背站立。将两人的后脑、双肩、臀部、小腿肚、脚后跟紧靠在一起。教师逐个纠正错误，直到所有人都能熟练做到标准站姿。最后，将全班同学分成若干小组上讲台做站姿表演，大家通过讨论共同评选出男女各若干名最优雅站姿学生。

（二）坐姿

1. 坐姿基本要求

（1）静态的坐姿。

静态的坐姿要求：正确的做法是坐满椅子的 2/3 处，头正目平，双目平视前方或注视对方，下颚向内微收，两肩放松，挺胸收腹，腰背挺直，嘴微闭，面带微笑，两手相交放在腹前双腿上，两脚平落地面（图 7-2、图 7-3）。

读书笔记

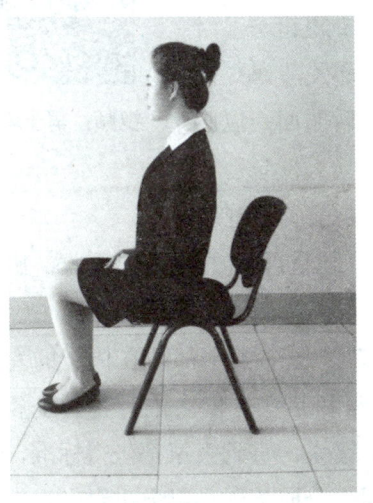

图 7-2

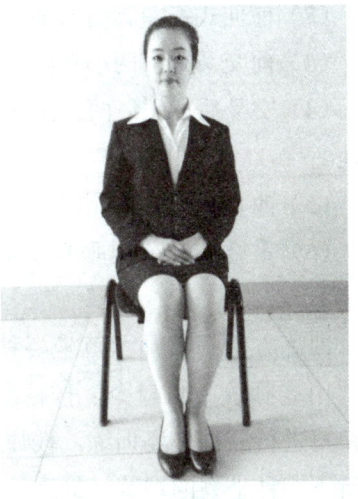

图 7-3

（2）动态的坐姿。

①入座的要求。入座时，走到座位前面转身，要轻而缓，右脚向后撤半步，从容不迫地慢慢坐下，然后左脚跟上（或右脚向前）与右脚（或左脚）并齐。女子入座要娴雅，坐下前应用手把裙子向前拢一下。

②离座的要求。离座时，右脚先向后迈半步，站起身，向前走一步离开座位。不可猛地起身，制造紧张气氛。

2．女士坐姿训练

（1）标准式：小腿垂直于地面，两脚保持小丁字步。

（2）侧点式：两小腿向左斜出，双膝并拢，右脚跟靠拢左脚内侧。右脚掌着地，左脚脚尖着地。

（3）前交叉式：左脚置于右脚上，两踝关节处交叉，两脚尖着地。

视频：女士坐姿

（4）后点式：两小腿后屈，脚尖着地，双膝并拢。

（5）曲直式：右脚前伸，左小腿收回，大腿靠紧，两脚前脚掌着地，两脚前后在一条直线上。

（6）侧挂式：在侧点式基础上，左小腿后屈，脚绷直，脚掌内侧着地，右脚提起，用脚面贴住左踝，膝盖与小腿并拢，上身右转。

（7）重叠式：在标准式坐姿基础上一条腿提起，脚窝落在另一条腿的膝关节上，上面的腿应向里收，贴住另一条腿的小腿处，脚尖向下。

3．男士坐姿训练

（1）标准式：双手自然弯曲，小腿垂直地面，两腿分开一拳宽，两脚平行朝前，双手分别放在两膝上。

（2）前伸式：左脚向前半脚，脚尖不要翘起。

（3）前交叉式：两小腿前伸，双脚在踝关节处交叉。

（4）交叉后点式：两脚交叉，小腿向后曲回，以脚掌撑地。

视频：男士坐姿

（5）曲直式：右脚前伸，左小腿曲回，前脚掌着地。

（6）重叠式：一腿垂直于地面，另一腿重叠，重叠腿向里收，脚尖朝下。

训练方法：教师示范坐姿种类及标准，每个学生都站在椅子的左前方，由老师统一喊口令，按标准步骤入座和起立并依次进行各种坐姿训练，每进行一种坐姿训练，教师逐个纠正错误，直到大家都坐得标准，再进行下一种坐姿的训练。最后，将全班同学分成若干小组上讲台做坐姿表演，通过讨论共同评出男女各若干名最规范坐姿学生。

（三）走姿

优美的行走姿势有助于塑造体态美，排除多余的肌肉紧张。行走姿势以轻巧、自如、稳健、大方为准。男性以便步式走姿为多，女性以一字步走姿为宜。

1. 便步式走姿

动作要领：行走时，假设前下方有条直线，两腿交替踩迈，前摆腿屈膝程度不宜过大。脚跟先着地，然后迅速过渡到前脚掌，脚尖略向外，距离直线约为 5 cm，腿部具有力度感；上身自然挺拔，立腰，收腹，身体重心随脚前摆迅速跟上，勿落在后脚或两腿之间，身体保持平稳前移；头正，目光平稳，用眼睛的余光注意前下方，下颚微有内收，目的是使脸面保持在垂直线上；肩平，肩峰稍后张，上臂带动小臂自然前后摆动，肩勿摇晃；前摆时，手不得超越衣扣垂直线，肘关节微屈约30°，掌心向内，勿甩小臂，后摆时，勿甩手腕。

视频：走姿

2. 一字步走姿

动作要领：行走时，也假设前下方有一条直线，两腿交替迈步，两脚交替踏在直线上。左脚前迈时微向左前方送胯，右脚前迈时微向右前方送胯，但送胯不要明显；两臂自然摆动，前摆臂时注意肩部稍许平送，后摆臂时肩部稍许平拉。

3. 走姿训练

（1）基本要领：抬头、挺胸、收腹、立腰，身体重心略向前倾；两眼平视，微收下颌，面带微笑；双肩平稳放松，两臂自然下垂前后摆动，身体不得左右摇晃；行走时速度要适中，不可过快或过慢，两脚间的距离为一脚之隔；女性接待人员两脚交替走在一条直线上，称为"一字步"。

（2）训练方法：第一步，由教师喊口令，同学一起做行走辅助训练（摆臂、屈膝、平衡）；然后逐步分解动作练习；最后行走连续动作练习，老师纠正错误。第二步，两人一组自由训练（一个走、一个看），分别纠正错误。第三步，将全班同学分成若干小组做走姿表演。通过讨论共同评选出若干名最优雅走姿学生。

4. 变向时的动作要领

当走在前面引导来宾时，应尽量在宾客左前方，髋部朝向前行的方向，上身稍向右转体，左肩稍前，右肩稍后，侧身向着来宾，与来宾保持两三步的距离。当走在较窄的路面或楼道中与人相遇时，也要

读书笔记

采用侧身步，两肩一前一后，并将胸部转向他人，不可将后背转向他人。向他人告辞时，应先向后退两三步，再转身离去，退步时，脚要轻擦地面，不可高抬小腿，后退的步幅要小，转体时要先转身体，头稍后再转。

（四）蹲姿

1. 蹲姿介绍及分类

在日常生活中，人们对掉在地上的东西，一般是习惯弯腰或蹲下将其捡起，而身为空乘人员对掉在地上的东西，也像普通人一样采用一般随意弯腰蹲下捡起的姿势是不合适的。

视频：蹲姿

（1）适用情况：整理工作环境；给予客人帮助；提供必要服务；捡拾地面物品；自我整理装扮。

（2）注意事项：不要突然下蹲；不要距人过近；不要方位失当；不要毫无遮掩；不要蹲着休息；不随意滥用等。

下面介绍几种蹲姿分类：

（1）高低式蹲姿：基本特征是双膝一高一低。下蹲时，一只脚在前，小腿垂直于地面，全脚掌着地，大腿靠紧；另一只脚在后，脚掌着地，脚跟提起，臀部朝下，重心在一条腿上（图7-4）。

（2）交叉式蹲姿：基本特征是蹲下后双腿交叉在一起。它的优点是造型优美典雅。下蹲时右脚在前，右小腿垂直于地面，全脚着地，右腿在上，左腿在下，左右腿交叉重叠；左膝向后面伸向右侧，左脚脚跟抬起，脚掌着地，两腿前后靠紧，合力支撑身体，上身略向前倾，臀部朝下（图7-5）。

 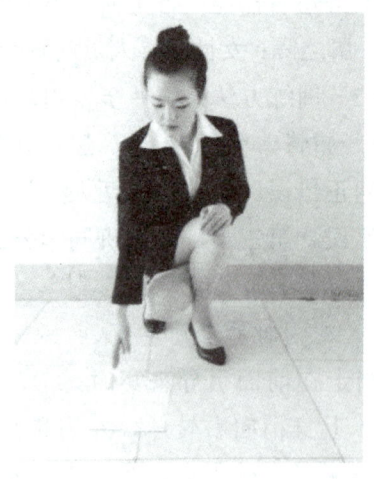

图 7-4　　　　　　　　图 7-5

女生仪态三大注意：一是不能双腿叉开站，否则极不美观；二是坐在别人对面，两腿就应该自然而然地并拢，以防走光；三是千万不能当众蹲下来，尤其在外人面前，如果你万不得已要蹲，可以选择单膝跪下或者背对别人的方式来变通。

2. 蹲姿训练

（1）女式蹲姿。女子下蹲时，左脚在前，右脚稍后，两腿靠紧向下蹲。因为女子多穿裙子所以两腿要靠紧。

（2）男式蹲姿。男子左脚全脚着地小腿基本垂直于地面，右脚脚跟提起脚掌着地。右膝低于左膝，右膝内侧靠于左小腿内侧形成左膝高右膝低的姿态，臀部向下基本上以右腿支撑身体。取物时双眼看着物体，起身要轻缓，右腿回正。

提示：这里需要特别提醒注意的是，下蹲时无论采取哪种蹲姿，都应掌握好身体的重心，避免在客人面前滑倒的尴尬局面出现。

（3）训练方法。首先，由教师边示范边讲解动作。然后，每个学生自由练习捡东西的标准动作。最后，将全班同学分若干小组做蹲姿表演（第一个同学走过去蹲下放下东西，第二个同学走过去蹲下捡起东西，交给第三个同学，依次进行）。教师点评并评选出若干名最得体蹲姿学生。

（五）手势礼仪

手势，是运用手指、手掌、拳头和手臂的动作变化，表达思想感情的一种态势语言。除了语言和表情以外，手是传情达意最有效的手段和工具。

1. 手势的区域

手势活动的范围，有上、中、下三个区域。肩部以上称为上区，多用来表示理想、希望、宏大、激昂等情感，表达积极肯定的意思；肩部至腰部称为中区，多表示比较平静的思想，一般不带有浓厚的感情色彩；腰部以下称为下区，多表示不屑、厌烦、反对、失望等，表达消极否定的意思（图7-6～图7-8）。

（1）举大拇指。在我国，右手或左手握拳，伸出大拇指，表示"好""了不起"等，有赞赏、夸奖之意；在意大利，伸出手指数数时表示一；在希腊，拇指上伸表示"够了"、拇指下伸表示"厌恶""坏蛋"；在美国、英国和澳大利亚等国，拇指上伸表示"好""行""不错"，拇指左、右伸则大多是向司机示意搭车方向。

图 7-6　　　　　　　图 7-7　　　　　　　图 7-8

（2）举食指。左手或右手握拳，伸直食指，在世界上多数国家表示数字一；在法国则表示"请示提问"；在新加坡表示"最重要"；在澳大利亚则表示"请再来一杯啤酒"。

（3）V形手势。食指和中指上伸成V形，拇指弯曲压于无名指和小指上，这个动作在世界上大多数地方伸手示数时表示数量"2"。用它表示胜利，据说是第二次世界大战时期英国首相丘吉尔发明的。在表示胜利时，手掌一定要向外，如果手掌向内，就是贬低人、侮辱人的意思了。

（4）"OK"手势。拇指和食指合成一个圈，其余三个指头伸直或略屈。在我国和世界其他一些地方，伸手示数时该手势表示零或三。在美国、英国表示"OK"即"赞同""了不起"的意思；在法国，表示零或没有；在日本表示"钱"。疫情期间医护人员穿着厚厚的防护服，一句简单的鼓励或一个"OK"手势就可以让躺在病床上迷茫无助的感染者面露悦色、信心倍增，这些都是社会支持带给我们内心深处最渴望的慰藉和安全感。

（5）塔尖式手势。这一手势具有独特的表现风格，自信者、高傲者往往使用它，主要用来传达"万事皆知"的心理状态。

（6）背手。很多重要人物以走路时昂首挺胸，手背身后为特点，显然这是一种拥有权威、自信或狂妄态度的人体信号。将手背后还可起到一定的"镇定"作用，使人感到坦然自若，还会赋予使用者一种胆量和权威。

人在紧张、兴奋、焦急时，手都会有意无意地表现着。作为仪态的重要组成部分，手势应该得到正确地使用。手势也是人们交往时不可缺少的动作，是最有表现力的一种"体态语言"，俗话说："心有所思，手有所指"。手的魅力并不亚于眼睛，甚至可以说手就是人的第二双眼睛。

2. 手势的基本要领

规范的手势是手掌伸直，手指并拢，拇指自然分开，掌心斜向上方，腕关节伸直，手与前臂形成直线，以肘关节为轴，自然弯曲，大小臂的弯曲以140°左右为宜。做手势时，要配合眼神、微笑和其他姿态，使手势显得更加协调大方。

（1）与客人交谈时：手势不宜单调重复，也不能做得太多、过大。要给人一种优雅、含蓄和彬彬有礼的感觉。

（2）谈到自己的时候：不要用大拇指指自己的鼻头，应用右手按自己的左胸，那样才会显得端庄、大方、可信。

（3）谈到别人的时候：不要用手指指点他人，在清点客人时，应采用掌心向上的方式用右手掌来数。

（4）请客人做某事时，应掌心向上，手指自然并拢，以肘关节为轴指示目标，同时上身稍向前倾，以示敬重，切忌伸出食指来指点。

（5）掌心向上的手势有一种诚恳、恭敬的意义；掌心向下则意味着命令、安排等。

（6）招手、欢呼、鼓掌都属于手势的范围，应根据不同场合和目的恰当运用。

3. 手势的禁忌

（1）容易造成误解的手势；
（2）不卫生的手势；
（3）不尊重他人的手势；
（4）不稳重的手势；
（5）忌手势过多，动作幅度过大。

★案例 3

态势语言的重要性

1998年在美国洛杉矶，一个来自泰国的演员杀害了一名29岁的老挝人，被判犯有二级谋杀罪。起因是：那位演员在一家深夜营业的泰国卡巴莱演唱时，一个老主顾，即那位老挝人把脚搁在一把椅子上，鞋底对着那个演员。当卡巴莱打烊的时候，那位演员跟踪了那个老挝人并把他杀害了。为什么？因为东南亚人认为：给人看鞋底或把鞋底对着别人是对该人表示极大的侮辱。

一个人的行为好似一面镜子，反映出他的文化水平、知识水准和道德修养。同学们，生活中你们常用的手势有哪些？

（素材来源：中国公关网）

4. 手势训练

常用的手势如下：

（1）横摆式。在表示"请进""请"时常用横摆式。做法：五指并拢，手掌自然伸直，手心向上，肘微弯曲，腕低于肘。开始做手势应从腹部之前抬起，以肘为轴地向一旁摆出，到腰部并与身体正面成45°时停止。头部和上身微向伸出手的一侧倾斜。另一只手下垂或背在背后，目视乘客，面带微笑，表现出对乘客的尊重、欢迎。

手势礼仪

（2）曲臂式。以右手为例：五指伸直并拢，从身体的侧前方，向上抬起，至上臂离开身体的高度，然后以肘关节为轴，手臂由体侧向体前摆动，摆到手与身体相距20 cm处停止，面向右侧，目视乘客。

（3）双臂横摆式。当乘客较多时，表示"请"可以动作大一些，通常采用双臂横摆式。做法是：两臂从身体两侧向前上方抬起，手心向上，两肘微曲，向两侧摆出。指向前进方向一侧的手臂应抬高一些，伸直一些，另一只手稍低一些。也可以双臂向一个方面摆出。

（4）斜摆式：请乘客落座时，手势应摆向座位的地方。做法：手要先从身体的一侧抬起，到高于腰部后，再向下摆去，使大小臂成一斜线，指向座位的地方。

（5）直臂式。需要给乘客指方向时，用直臂式。做法：手指并拢，手掌伸直，屈肘从身前抬起，向指引的方向摆去，摆到肩的高度时停止，肘关节基本伸直，身体要侧向乘客，眼睛要兼顾所指方向和乘客。注意指引方向时，不可用一个手指指示，那样显得不礼貌。

综合训练

假设某种礼仪活动场景，让学生分别扮演相应角色，将全班学生分成若干小组，分别到讲台前面进行站姿、坐姿、走姿、蹲姿演示。要求班内其他同学进行观察，待模拟结束后，由学生进行点评，针对模拟表演和学生点评的结果,教师再进行总结,纠正错误的姿势和动作。

三、面试着装礼仪

即使时代变迁,面试着装依然存在着一些不变的"真理"。对于刚刚跨出校园、走进社会的应届生来说,还是可以允许有一些学生气的装扮。即便是名企的面试,也可以选择休闲类的套装,但还是有不少细节是需要注意的。

(一)女性应庄重高雅

女性在面试着装上自由度相对较大。可以选择裤装或裙装套装,但如果着裙装,裙子下摆请不要超过膝盖以上 5 cm。无论什么季节和地区,如果只买一件套装,深色套装是最稳妥、最保险的。着装请勿像约会一样,高跟鞋的高度以 2~5 cm 较为适宜,妆容简洁,尽量减少首饰的佩戴。应试者可以佩戴耳环,但请尽量不要选择圈形或长款下垂型。指甲不宜太长,甲油可选择裸色或粉色(图 7-9)。

图 7-9

夏天,一些女士都会穿着丝袜,但丝袜很容易刮破,所以,在面试时要多准备一双,避免穿着破洞丝袜的尴尬。

（二）男性应干练大方

男性在面试时可以选择深蓝或黑色西装，配领尖有纽扣的牛津风衬衫，以及一条款式简洁的领带，这是最保险的装束。如果要应聘的是一个重视创意的行业，着装也可以不那么保守——一件好看的休闲外套和宽松长裤可以配翻领套头毛衫或者简单的印花 T 恤。相反，如果即将参加一个相对保守公司的面试，务必要注意鞋子的选择，应与裤子而非衣服相搭配，袜子也应尽量与鞋子颜色保持一致（图 7-10）。

图 7-10

1. 西装

西装的颜色以藏青、深蓝、深灰等冷色调为主，多为做工精细、质量考究的套装。西装外套上的口袋只是装饰性的，一般不装东西。西装讲究线条美，所以，西裤必须要有中折线。西裤长度以前面能盖住脚背，后边能遮住 1 cm 以上的鞋帮为宜。不能随意将西裤裤管挽起来。纽扣系法也是有讲究的，双排扣的上衣，纽扣要全部系好；单排扣的上衣，三粒扣的系中间一个或者上面两个，两粒扣的应该系上面的一个扣，单粒扣的一定要系好。

（1）黑色西服：采用银灰色、蓝色调或红白相间的斜条纹领带，显得庄重大方，沉着稳健；

（2）暗蓝色西服：采用蓝色、深玫瑰色、橙黄色、褐色领带，显得纯朴大方，素净高雅；

（3）乳白色西服：采用红色或褐色的领带，显得十分文雅，光彩夺目；

（4）中灰色西服：配系砖红色、绿色、黄色调的领带，另有一番情趣；

（5）米色西服：采用海蓝色、褐色领带，更能显得风采动人，风度翩翩。

【禁忌】在面试时尽量不要选择紧身西服和韩版亮色西服。

2．衬衣

穿长袖衬衫，以白色为主，米白、乳白或淡蓝色为佳，可有细条纹或暗条纹。衬衫领子要挺括，下摆要塞在裤腰内，系好领扣和袖口。衬衫领口和袖口要长于西服上装领口和袖口 1～2 cm，衬衫里面的内衣领口和袖口不能外露。如果西服本身是有条纹的，应搭配纯色的衬衫，如果西服是纯色，则衬衫可以带有简单的条纹或图案。衬衫的第一粒纽扣，穿西装打领带时一定要系好，不打领带时要放开。

【禁忌】衬衣颜色太过花哨，如粉红色；衬衣切忌肮脏、褶皱、破损、掉扣等。

3．领带

领带是男士着装时最重要的饰物，俗话说"女人的衣服，总少一件；男士的领带，总少一条"。职业男士在选择不同的西装时也要搭配不同的领带，作为西装的灵魂和焦点，一定要懂得领带的搭配，否则不仅发挥不好领带的作用，反而有失大雅。

领带的质地以纯真丝、50%的羊毛和50%的真丝混合织成的为佳。亚麻领带易起皱，不典雅，而人造纤维有发光的特点，颜色过于刺目，会有损职业形象。领带颜色以与西装相近为宜，图案为斜条纹、几何图、小碎花等。外形美观、平整、无挑丝、无疵点、无线头、衬里毛料不变形、悬垂挺括、较为厚重，不能太另类，过于艳丽。

领带的宽度应大致和西装上衣延及胸前的翻领的宽度相似，流行的宽度在 2.75 英寸[①]和 3.5 英寸之间。正确打法为挺括、端正、外观呈倒三角形，切忌选择简易式领带。领带的长度以自然下垂最下端（大箭头）及皮带扣处为宜。如果担心领带活动，可以用高质量的领带夹，夹的部位在衬衫从上端数 4～5 粒扣处，不穿外套时不可扣领带夹。

读书笔记

[①] 1英寸≈2.54 cm。

4. 丝巾

女人可以没有昂贵的钻石或时装，但一定要拥有一或两条适合自己气质的丝巾。丝巾的轻盈飘逸和柔亮光泽可以衬托女性柔美气质，增添女性无穷魅力。丝巾如同神奇的法宝，能使整体时尚度顺利晋级。

丝巾根据尺寸，可以分成方巾和长条巾两种。其中，小方形丝巾多受女士的欢迎，因为其造型规整，较易处理，一直被许多女性所喜爱。

5. 皮带

皮带宽细适中，朴实无华。皮带颜色应该和选择的鞋子颜色相匹配。因此，蓝色、黑色或灰色西装需要黑皮带和黑鞋子搭配，而棕色、棕褐色或米色的西装应配棕色的皮带和鞋子。至于皮带的材料则应坚持使用皮质的。

【禁忌】皮带太宽，霸气过于外显，而太细，没男人阳刚之气；皮带上挂钥匙串或手机套；皮带面爆裂，扣处撕裂等。

6. 口袋

无论是两件套或三件套西服，其上衣和西裤口袋应少装或不装东西。钱包、打火机等用品可装在西装左、右内侧衣袋里，以保持西服的美观。

7. 鞋袜

按照西装的着装要求，穿西装应搭配黑色系带皮鞋，并保持鞋面清洁锃亮。旅游鞋或长筒鞋等不宜在正式场合穿用。与皮鞋配套的袜子应为深色的纯棉、线、丝或羊毛制品，忌穿白色袜子。而且袜筒要足够高，弹力要好，以免坐下后，漏出一截腿，这样极为不雅。

8. 量体穿衣方案参考

（1）个子矮小的人：可利用单一颜色衣服使人具有"变高"的视觉效果。选择与服装同色的裤、袜、直条纹的衣料、直筒裙等都有视觉变高的作用。选择上下身颜色强烈对比及大花布或格子衣料，会让人看上去更矮、更胖。

（2）个子高瘦的人：宜选择色彩鲜明的样式，格子布，有减低身高使人丰满的作用。女士可穿长及小腿中部的A裙，横间条的衣服，视觉上更丰满一些。浅色、厚粗的布料、宽大的领子、灯笼袖等设计都适合这种体型的人。不宜从头到脚都穿深色的服装及过于紧身、过于宽松的服装。

（3）个高而胖的人：色彩宜冷色调为主，款式尽量简洁、清雅。选择单色或直条纹的料子，"V"形领子，长背心、宽长的衣袖设计都能产生高瘦的效果。

四、面试交谈礼仪

谈话是一门艺术，而且这门艺术历史悠久。自古就有"一人之辩重于九鼎之宝""三寸之舌强于百万之师"的说法。

语言本身代表每一个人的属性，一个人的成长环境会影响这个人的说话习惯，作为一名空乘人员要学会说话的艺术。不同的服务语言往往会得出不同的服务结果。一名空姐要掌握不同的说话技巧，如对老年旅客的说话技巧、对儿童旅客的说话技巧、对特殊旅客的说话技巧、对发脾气旅客的说话技巧、对重要旅客的说话技巧、对第一次乘飞机的旅客的说话技巧、对航班不正常时服务的说话技巧。

在服务中，往往由于一句话，会给服务工作带来不同的结果。一句动听的语言，会给航空公司引来很多回头客；也可能由于一句难听的话，旅客会永远不再乘坐这家航空公司的飞机；他可能还会将他的遭遇告诉其他旅客，所以得罪了一名旅客可能相当于得罪 10 名或上百名旅客。

★ 案例 4

微笑送饮料

东方航空公司在服务中曾经发生过这样一件事情：在上海飞往广州的路上，两位美国女性刚上飞机，就一面皱眉头、掩着鼻子，一面说着舱里空气不好。一位空中乘务员微笑着走过来，一面请她们原谅和谅解，一面递上一小瓶香水。没想到的是香水却被她们扔到客舱座位的角落里去了。此时，空中乘务员心里很不是滋味，她的自尊受到了伤害，但还是微笑着给她们送来可口可乐。可是她们还没喝，就说可乐有问题，甚至过分地将可乐泼到空中小姐的身上。

这时空中小姐该怎么办？如果在生活中，她是该奋起反击了，但作为空乘人员，她必须理智地化解这一难题。只见空中乘务员强忍着这种极端无礼的行为对自己人格的污辱，再次把可口可乐递了过去，不卑不亢地微笑着用英语说："小姐，这些可口可乐是美国的原装产品，也许贵国这家公司的可口可乐都是有问

题的。我很乐意效劳，将这瓶可口可乐连同你们的芳名及在美国的地址，一起寄到这家公司，我想他们肯定会登门道歉并将此事在贵国的报纸上大加渲染的。"

两位美国小姐目瞪口呆，这位智慧的空中乘务员又微笑着将其他饮料送给她们。事后，这两位美国小姐在留下的信中检讨时说她们自己太苛刻、太过分，并称赞中国乘务员的服务和微笑是一流的。

当空中乘务员的自尊一再受到伤害时，"制服"对方的办法不是"以眼还眼，以牙还牙"，而是用自己智慧的微笑一下子就使自己的形象高大起来，使自己的人格力量待以升华，同时解决了棘手的难题。

（素材来源：智慧职教平台课程资源库）

★案例5

一份餐食

在一个航班上，乘务员为旅客提供正餐服务时，由于机上的正餐有两种热食供旅客选择，但供应到某位旅客时他所要的餐食品种刚好没有了。空姐非常热心到头等舱找了一份餐送到这位旅客面前，说："真对不起，刚好头等舱多余了一份餐我就给您送来了"。旅客一听，非常不高兴地说："头等舱吃不了的给我吃？我也不吃。"由于不会说话，乘务员的好心没有得到旅客的感谢，反而惹得旅客不高兴。如果我们的乘务员这样说："真对不起，您要的餐食刚好没有了，但请您放心我会尽量帮助您解决"。这时，你可到头等舱看看是否有多余的餐食能供旅客选用。拿到餐食后，再送到旅客面前时，你可这样说："您看我将头等舱的餐食提供给您，希望您能喜欢，欢迎您下次再次乘坐我们航空公司的飞机，我一定首先请您选择我们的餐食品种，我将非常愿意为您服务。"同样的一份餐食，但不同的一句话，却带来了多么不同的结果。这就是说话的艺术，作为一名合格的乘务员，说话真是太重要了。

在人际交往中，谈话艺术的重要性尽管人人都了解，然而效果大不一样。所谓"酒逢知己千杯少，话不投机半句多。"正是说明了交谈的好与坏，直接决定着交谈的效果。那么，在生活中，人与人谈话需要注意哪些问题？交谈的话题如何选择？怎样避免祸从口出？什么该说，什么不该说？

（素材来源：智慧职教平台课程资源库）

五、交谈礼仪

（一）交谈的前提

在日常生活中，人们运用语言进行交谈，表达思想，沟通信息交流感情，从而达到建立、调整、发展人际关系的目的。一个人的言谈是考察人品的重要手段。首先，要注意言谈的仪态。无论是作为言者还是听者，交谈时必须保持精神饱满，表情自然大方、和颜悦色，应该目光温和，正视对方。要选择对方感兴趣的话题，比如，与航空有关的话题，飞机飞多高，我们航班飞过航线的地标，在飞行中应注意的问题等，在与旅客谈话时，语言表达应准确、语意完整、语声轻柔、语调亲切、语速适中。同时，要照顾旅客的情绪和心情，不可自己滔滔不绝说个没完，也要给旅客留下说话的机会，做到互相的沟通。其次，要做一名耐心的听众。在与旅客谈话中，要注意耐心听取旅客的讲话，对谈话的内容要做出积极的反应，以此来表现你的诚意，如点头、微笑或简单重复旅客的谈话内容。同时，恰如其分的赞美是必不可少的，它能使气氛更加轻松友好。

（二）谈话礼仪涉及的问题

"态度"——态度决定一切。

"语言"——发言清晰不清晰，语言标不标准，礼貌用语是不是使用到位。

"内容"——语言是表达思想的。

"形式"——交流的形式。

（三）谈话时的禁忌

（1）不要训斥别人。与人打交道，不要动不动就训人家。要与人平等打交道。

（2）不要挖苦别人。不要挑人家不对，拿身体缺陷或生活中的不足之处来挖苦别人。

（3）不要纠正对方。人际交往很多问题难说对与错，其实对与错是相对的。在不同时代、不同文化、不同地域，同一件事很难说对与错。

（4）不随便去质疑别人。不要随便对人家说的话表示怀疑，尤其不要当众去表示怀疑。

（5）不要随便去补充别人。每一个人关心问题的角度不一样，不要随便补充人家。

"礼者，敬人也"，在整个谈话过程中，最主要的是要善于容人，不要以人之短来补己之长，要以人之长来补己之短，这样才能做到真正的知礼、懂礼、用礼。

★案例6

细节展示修养

某航班，旅客上洗手间完毕，乘务员打扫卫生时，发现该旅客将卫生纸、马桶垫扔得满地都是，乘务员随即惊讶地询问旅客怎么将马桶垫、卫生纸扔得满地都是，并提醒旅客马桶垫、卫生纸丢弃处，旅客投诉乘务员服务态度太差。

案例分析：

（1）对于卫生间废纸丢弃处的标示，部分初次乘机旅客或许不太清楚。

（2）乘务员的惊讶和提醒，在旅客听起来无疑使得旅客更加窘迫，从而产生抵触心理。

处理方法：

（1）在类似情况下，请不要在旅客面前露出惊讶、不屑、询问等表情、语言，良好的职业素养，还要求乘务员拥有一颗善于观察、体谅、宽容之心。

（2）如需对旅客做提醒时，尽量在周围没有其他旅客时，使用婉转、自然的语气，如在旅客下一次使用卫生间时，首先为其打开卫生间"……请稍等女士/先生，我稍做整理，一边自然地介绍这边是××废纸丢弃处、洗手池……这样使用，门插在××位，有什么需要帮助的请呼唤我，很乐意为您服务。"

（素材来源：智慧职教平台课程资源库）

六、道别礼仪

（1）真诚感谢别人给你面试的机会。

（2）如果被录用也不用过分惊喜，应向主考官表示感谢，希望今后合作愉快。

（3）若结果未知，则应再次强调你对应聘工作的热情，表示与主考官的交谈获益匪浅，并希望今后能有机会再次得到对方进一步指导，有可能的话，可约定下次见面的时间。

（4）整理好资料，放好椅子等。

思政微课堂

空乘制服中的"中国元素"

东方航空乘务员的制服由法国知名品牌 Christian Lacroix 设计，本着"简洁、美观、得体"的原则，在满足职业制服功能需求的同时，力求展现东方气质的优雅与海派风格的时尚。制服在剪裁上更注重东方女性身段玲珑的特点，以海军蓝的主色调营造出稳重和专业的职业氛围，并融入"祥云"纹案、中国结等传统文化元素，点缀以正红色腰带及配饰，经典中透出热情。

祥云纹案：寓意祥瑞之云气，表达了吉祥、喜庆、幸福的愿望及对生命的美好向往。祥云纹造型独特，婉转优美，其美好吉祥的寓意让我们感受到中国传统吉祥文化的博大精深。2008 年北京奥运会上广泛使用了"祥云"纹样。特别是火炬的创意灵感来自"渊源共生，和谐共融"的"祥云"图案，给世界各国的人们留下了深刻的印象。

中国结：中国结是中国特有的民间手工编结艺术，它以其独特的东方神韵、丰富多彩的变化，充分体现了中国人民的智慧和深厚的文化底蕴。其所显示的精致与智慧正是中华古老文明中的一个侧面。它源于旧石器时代的缝衣打结，后推展至汉朝的礼仪记事，再演变成今日的装饰手艺。

读书笔记

【点评】

空乘人员的服饰中融入中国元素"祥云、中国结"等图案，突出了中华文化的独特气韵。中华优秀传统文化是我们最深厚的文化软实力，也是中国特色社会主义植根的文化沃土。中华文明是世界文明史上唯一的连续性文明，5 000年的连续发展是中华文明的重要特征。当代大学生要大力传承发展中华优秀文化，坚定文化自信，担当起实现中华民族伟大复兴的历史使命。

★ 案例7

你最喜欢哪一款空乘制服？

1. 中国国际航空

国航的空乘制服，采用了被国际上称为"中国蓝和中国红"的青花与明瓷中霁红两种颜色为主色调。整体端庄大方，独具美感。此外，衣服采用了高比例的羊毛面料，舒适且耐穿（图1、图2）。

图1

图2

2. 中国南方航空

南航的空乘制服，由法国设计师 Stephane Soh 精心设计，采用了天青色和芙蓉红为整体色系。上装为"V"形领，并以金色线条对领边和袖口进行勾勒。下装则是红、蓝斜纹的西服裙。整体活泼别致，又显得职业干练（图3～图5）。

图 3　　　　　　　　图 4　　　　　　　　图 5

3. 中国海南航空

海航的制服经历过多次改变，现在的空乘制服由国际知名时装设计师劳伦斯·许设计。设计师将中国风与现代时尚完美结合，以中国旗袍作为基底，领口为祥云团，下摆用浪花点缀，此外还有中国古老传说中的神鸟。独特的中袖设计，也显得温婉干练，高定的空乘贝雷帽更显得优雅时尚（图6）。

图 6

4. 四川航空

川航制服采用的是红色和黑色的经典配色，主色调灵感来自川航主题色——川航红。主款为红色七分袖连衣裙、黑色腰带、浅立领，胸前有红黑相间"褶皱"折饰，整体线条简洁流畅。外套为西装款式，分红、黑两款，下摆采用柔美的荷叶边收腰，配合黑色礼帽，端庄娴静的女神气质迎面袭来（图7）。

图 7

5. 厦门航空

厦航的空乘制服以蓝色为主色调，整体显得简约清新自然。衣袖为干练、时尚的七分袖，腰间搭配深蓝色的宽腰带，帽子俏皮可爱，并配有"一鹭高飞"航徽，凸显出东方女性的优雅时尚与干练（图8）。

图 8

6. 青岛航空

青岛航空的制服以海军蓝为主色调，配以沙滩金的丝巾和橙色腰带，辨识度极高，独具特色。此外，还有以灰色为主色调的，配以辨识度极高的橙色，显得端庄优雅又不失热情活力（图9）。

图 9

7. 深圳航空

深圳航空的制服，采用了深蓝色调，显得稳重大方，非常的职业与干练。衣服样式采用了改良版旗袍，镶嵌白边的简约小立领，剪裁流畅，十分别致。整体也没有繁杂的丝巾和腰带，只在腰间用深圳航空的 logo 作为点缀，非常有特色（图10）。

图 10

8. 春秋航空

春秋航空的空乘制服融合了企业风格，以绿色为主色调。白色衬衫采用了中式立领、暗门襟和七分袖造型。绿色马夹和外套采用了斜襟滚细边的制作工艺，并采用了西式"公主线"的裁剪分割方式。整个系列都采用了中式"云"型盘扣为点缀，使得整体穿着得体大方、富有韵律美（图11）。

图 11

9. 吉祥航空

吉祥航空的制服，采用传统的旗袍款式，以红色为主色调，并配以"吉祥如意结"和"吉祥如意扣"，很有企业特色（图12）。

图 12

（素材来源：空乘招聘网）

第三节 空乘面试问答宝典

1．请用 3 min 简单介绍一下你自己。

回答要点：用 10 s 简单说说即可。用 1.5 min 介绍你以前从事的工作和所获得的工作经验。再用 1 min 时间描述你以前的工作经验对应聘的这份职位来说有哪些帮助。

2．你认为一名空中乘务员最大的挑战是什么？

回答要点：此问题的回答要表明你对工作的关注点，从服务理念方面回答会更好：一是服务态度；二是服务技巧（突发事件）。个人更倾向的回答：我认为是对良好服务态度的持之以恒保持，记得在 The best service 一书中看到："服务很简单，甚至简单到荒谬的程度，但是要持之以恒地提供高水平的服务真的很难。"

3．请说一说本人的职业观？

回答要点：面试前做好准备，面试时根据自己的实际情况如实回答，并且要与该职位相符。让对方觉得你会长久在这个行业和职位发展下去。

4．你认为自己的英语实力如何（如未取得四、六级证书）？

回答要点：

A.I still have any difficulties in listening because of the limited vocabulary.

B.I don't think I have problem in the daily conversation. And if I could have a good environment I could improve fast.

5．为什么你想到这里来工作？

回答要点：这应该是得心应手的题目，因为在此之前已经进行了大量的准备，自己已经很了解这家公司了。此外，除说明公司的待遇、福利条件吸引人之外，可进一步说明此工作可一展自己的专长。组织几个原因进行回答，最好是简短而切合实际的。

6．这个职位最吸引你的是什么？

回答要点：这是一个表现你对这个公司、这份工作看法的机会。回答应使考官确认你具备他要求的素质。无工作经验者可以针对自己被这份工作吸引以及自己关心的地方回答，如"工作性质适合自己"之类。有工作经验者倘若能提出这份工作的与众不同之处，主管多是会极感兴趣的。

读书笔记

7. 你最大的成就或者值得骄傲的成绩是什么？

回答要点：准备一两个成功的小故事。从你过去或日前的相关工作中，找出具体的实例来加以说明。比如，为了举办校园歌手比赛，成功地联系了一家企业作为赞助商，使比赛开展得很成功，或大三开始，自己边学习、边工作、勤工助学、生活不依靠父母、完全自立等。要有备而去，想一些虽然成就比较小，但和面试者的需求比较相关的成就来叙述。

8. 未来五年你的事业目标是什么？

回答要点：对工作拥有具体期望与目标的人，通常成长较快。根据能力和经历，回答一定要得体，如"我的目标是……，为了达到这个目标，必须努力充实自己……，而我拥有这样的自信。""我在上一个工作中积累了一些经验，我希望能充分展示我在这个行业的能力和智慧。"

9. 你最低的薪金要求是多少？

回答要点：这是必不可少的问题，是求职者和考官出于不同考虑都十分关心的问题。针对待遇问题，以清楚明确答复最佳。"依公司规定"可能被误认为缺乏自信而非谦虚。因此，最好客观归纳个人年龄、经验、能力，再依行业类别、公司规模等客观资料，提出合理的数字，附带说明提高待遇的理由。最聪明的做法是，不做正面回答，强调你最感兴趣的是这个机遇和挑战并存的工作，避免讨论经济上的报酬，直到你被雇佣为止。如"薪水固然重要，但这工作伴随而来的责任更吸引我"。

10. 你还有什么问题吗？

回答要点：一些供选择的问题：为什么这个职位要公开招聘？这家公司（这个部门）最大的挑战是什么？公司的长远目标和战略计划您能否用一两句话简要为我介绍一下？您考虑这个职位上供职的人应具有什么素质？大约多长时间能得到面试反馈信息呢？关于我的资格与能力问题，您还需要我再补充一些吗？

11. 你有什么长处或弱点？

回答要点：通过这个问题，可了解求职者如何客观分析自己，并测试其表达与组织能力。除个人描述外，加上亲友的观点可增加说服力，应避免抽象的陈述，而以具体的经验及自我反省为主，使内容更具吸引力。对于自己的长处可以照实回答，如乐于助人和关心他人、适应能力和幽默感、乐观和友爱等。当你在叙述个人弱点时，要能够说出过去的具体相关事例，来说明你的观点。当然，你也可以说一个你明显的缺点，然后举出例子说明你是怎样克服这个缺点的。可以回答："我认为自己的长处是能够热衷于某件事情，并且始终乐此不疲，能够专心致志直到完成。从某方面来讲，这也足我的短处，有时过分热衷于某件事，导致对一些事的看法可能会有失偏颇。其实我也了解自己的这一点，因此，今后会经常反思和检讨的。"

12．请简要介绍，如何理解微笑、敏捷、耐心、合作是航空公司对每一位乘务员的基本要求？

回答要点：

（1）微笑是服务行业的法宝，微笑可以拉近旅客与我们之间的距离，会使旅客产生信任。当乘务员微笑着面对旅客时，愉悦的心情会感染他们，使他们也高兴起来，发出会心的微笑，所以，微笑也是人与人之间沟通的良好工具。

（2）敏捷是要求乘务员能够灵活应对飞机上发生的这种状况和旅客提出的各种要求，灵活的身手、敏捷的反应，可以给旅客留下干练、高效的好印象，也让旅客感觉轻松。这些都是可以在后天的训练中形成的。只要抱着自信和努力的信念，相信终有一天可以实现自己的梦想。

（3）耐心也是必不可少的一部分。亲切的问候、温柔的提醒、不厌其烦地解决旅客提出的各种问题要求，让旅客有一种在家中的舒适感。而乘务员仿佛就是贴心的家人。

（4）合作是要乘务员配合好机场及飞机上其他员工的工作，使起飞、飞行、降落顺利进行，同时，对旅客的要求也要给予积极的配合。起飞后，飞机便是一个封闭的小环境，各种状况都有可能发生，拥有良好的心态和合作态度，无疑能使空乘的工作可以更加顺利地展开。

13．一名优秀的空乘人员应具备的行业职业道德有哪些？

回答要点：

（1）首先要热爱自己的本职工作。对空乘工作的热爱不是一时的，当自己理想中的美好的空乘生活被现实辛苦的工作打破后，还能一如既往地主动、热情、周到、有礼貌、认真负责、勤勤恳恳、任劳任怨做好工作。

（2）有较强的服务理念和服务意识。在激烈的市场竞争中，服务质量的高低决定了企业是否能够生存，市场竞争的核心实际上是服务的竞争。民航企业最关心的是旅客和货主，要想在市场竞争中赢得旅客，就必须提

高服务意识和服务理念。服务意识是经过训练后逐渐形成的。意识是一种思想，是一种自觉的行动，是不能用规则来保持的，它必须融化在每个空乘人员的人生观里，成为一种自觉的思想。

（3）有吃苦耐劳的精神。空乘在人们的眼中是在空中飞来飞去的令人羡慕的职业，但在实际工作中承担了人们所想不到的辛苦，飞远程航线时差的不同，飞国内航线各种旅客的不同，工作中遇到的困难和特殊情况随时都会发生，没有吃苦耐劳的精神，就承受不了工作的压力，做不好服务工作。

（4）热情开朗的性格。空乘的工作是一项与人直接打交道的工作，每天在飞机上要接触上千名旅客，所以随时需要与旅客进行沟通，没有一个开朗的性格就无法胜任此项工作。

（5）刻苦学习业务知识。作为一名空乘，在飞机上不仅仅是端茶送水，而是需要掌握许多的知识，比如，我们的航班今天是飞往美国，我们的空乘首先要掌握我国和美国的国家概况、人文地理、政治、经济，航线飞越的国家、城市、河流、山脉以及名胜古迹等。还要掌握飞机的设备、紧急情况的处置、飞行中的服务工作程序以及服务技巧等。可以说，空乘上要懂天文地理、下要掌握各种服务技巧和服务理念，不但要有漂亮的外在美，也要有丰富的内在美。

知识链接

面试禁忌

（1）忌与旁人唠叨。在接待室恰巧遇到朋友或熟人，就旁若无人地大声说话或笑闹，对刚才面试的过程大肆渲染，这是极其不礼貌的表现。实际上，面试官也在暗中观察面试者的其他表现。因此，要特别注意这种行为禁忌。

（2）忌面试时的小动作。如折纸、转笔、玩弄衣袋或发辫、身体摇摆或抖动等，这样会显得很不严肃，分散对方注意力。不要乱摸头发、胡子、耳朵，这可能被理解为你在面试前没有做好个人卫生。用手捂嘴说话是一种紧张的表现，应尽量避免。

（3）忌犹豫不决。求职者应聘时举棋不定的态度是不明智的。这样容易让招聘者有更多的选择机会，也容易让主考官感到面试者缺乏必要的诚意，是个信心不足的人，甚至怀疑其工作作风与实际能力。

（4）忌"亲友团""情侣档"的陪同。面试时，莫让他人陪同入场。有的求职者面试时，习惯带上同学或亲戚前往，以消除紧张或给自己当"参谋"。其实这种做法对求职者是不利的。他人在场会使面试尴尬，也会给考官留下缺乏自信心、独立性不强的印象，容易遭到淘汰。

★案例 8

世界各航空公司招聘需求

1．全日空航空公司

全日空航空公司曾委托外派公司在上海招聘航空乘务员。招聘条件和要求：年龄为 20～25 周岁、身高在 160 cm 以上、隐形眼镜矫正视力 1.0 以上，身体条件符合空乘要求、未婚、具有高中（含高中）以上学历、具有良好的英语水平（相当于 CET4 级英语水准），会日语的更佳。

2．国泰航空公司

国泰航空公司也在香港进行过空乘的招聘活动。由于名额有限，国泰航空公司采取了先到先得的形式为申请人进行登记及面试。面试共分六节，申请人学历至少要通过中学会考，英文科目分数合格，能用普通话、英语阅读和流利对话，会说广东话，伸手可触及的高度达 208 cm，曾于服务行业工作的申请人可获优先考虑。

3．南方航空公司

南方航空公司的招聘负责人表示：空乘最需要的是温柔亲切的气质，会微笑，而现在大部分时尚美女都希望在外表打扮上过分夸张，例如头发就是五颜六色的，再一个，有的面试者浓妆艳抹，看起来一点都不自然，很难接受。因此，在南航的招聘现场，凡头发染了色的、衣着太花哨的、脸上无表情的，统统都被排除在外。

除此之外，德国汉莎、荷兰航空、柬埔寨航空、泰国航空等都曾在中国举行过招聘会，可见，空乘这个职业确实有着非常大的发展空间和人才需要。通过对这些航空公司的招聘要求来归纳

这个职业所必需的条件，我们不难发现，除身体素质外，最重要的两点是：英语和气质。如汉莎航空公司的招聘要求就是不必非会说德语，但英语要流利；相貌只要不丑即可，但行为举止一定要有气质。每个航空公司都要求有一定的应用英语的能力，这对于工作中要接触各国乘客的空乘确实至关重要。拥有亲切的笑容，得体大方的言谈举止，无疑等于已经领先了其他的招聘者。

（素材来源：空乘招聘网）

本章小结

通过本章的学习，学生应了解面试礼仪的重要性，在交往中，应注意在不同场合中，适当修饰自己的仪容，美化自己的仪态，充分体现一个礼仪人员彬彬有礼的风度。在教学过程中，学生在教师指导和示范下，要熟练掌握面试礼仪中站、立、行、走等基本动作和训练技巧。此后，要在日常学习中，时时注意自己的仪表仪态，真正可以把课堂讲授的礼仪知识学以致用。

实训任务

1. 请模拟空中乘务人员面试流程，以 1～2 家航空公司为例。
2. 请练习空中乘务人员的自我介绍（中、英文）。
3. 请以南方航空公司为面试单位，进行妆容准备及仪容仪表准备。

思考题

1. 某男同学不注重仪表形象，一天接到通知赶去面试，出门前没照镜子，头上头屑不断，又脏又乱，穿着校服领口衣裳大敞，递交资料时发现手指的指甲缝里全是油泥，离远看看不见，走近之后突然发现鼻毛在鼻孔之外随风飘摇。请分析其面试会成功吗？

2. 结合课堂讲授的面试礼仪加以训练，并将自己不同的坐姿和站姿用相机拍摄下来，互相比较分析，找出优点和不足。

参考文献
REFERENCES

[1] 付强. 形体训练与形象塑造 [M]. 北京：人民邮电出版社，2017.

[2] 王晶，魏扬帆，肖俊. 形体训练教程 [M]. 北京：中国石油大学出版社，2017.

[3] 梁智栩. 形体训练 [M]. 上海：上海交通大学版社，2015.

[4] 张丽民. 中国古典舞音乐研究——乐舞相融六十载精华录 [M]. 北京：人民邮电出版社，2017.

[5] 吴昊. 中国古典舞蹈的组成元素 [J]. 艺术评鉴，2019（11）：69-71.

[6] 庞蓉. 传统礼乐文化与古典舞教学相融合的创新研究 [J]. 艺术科技，2019（17）：47-48.

[7] 丁莉. 试析"礼乐"思想在中国舞蹈作品中的体现 [D]. 延边大学，2011.

[8] 王佩英. 中国古典舞基本功训练教程 [M]. 上海：上海音乐出版社，2004.

[9] 冯源. 礼乐文化起源的地域性及其当代意义 [J]. 宜春学院学报，2019（5）：46-87.

[10] 席淑琳. 中国古典舞的渊源与发展 [J]. 牡丹，2020（18）：23.

[11] 李娌. 社交礼仪 [M]. 北京：中国人民大学出版社，2018.